글 아라벨 시카디

아라벨 시카디는 뷰티 패션 분야의 글로 유명한 작가이자 편집자다. 《루키》 기자, 《버즈피드》 뷰티 에디터를 지냈고 《틴 보그》, 《얼루어》 등 여러 매체에 기고해 왔다. 뷰티, 테크놀로지, 권력이 교차하는 주제에 관심을 기울이고 있으며, 《퀴어 히어로즈》에 이어 뷰티 업계에 대한 논픽션인 두 번째 저서 《하우스 오브 뷰티*The House of Beauty*》가 출간될 예정이다.

그림 새러 타낫-존스

새러 타낫-존스는 런던에서 활동하는 일러스트레이터다. 인쇄 매체의 삽화뿐 아니라 다양한 제품에 들어가는 일러스트를 디자인하고 있으며 2009년 광고, 디자인 분야의 신진 작가에게 수여하는 D&AD 뉴 블러드 상을 수상했다.

옮김 김승진

대학에서 경제학을, 대학원에서 사회학을 공부했으며, 일간지에서 기자로 일했다. 옮긴 책으로 《그날 밤 체르노빌》, 《지구를 살린 위대한 판결》, 《앨버트 허시먼》, 《예언이 끝났을 때》 등이 있다.

퀴어 히어로즈

Queer Heroes

과거와 현재의 LGBTQ 영웅 52명을 만나다

글 아라벨 시카디

그림 새러 타낫-존스

옮김 김승진

이후

차례

※본문에 나오는 대괄호([ ]) 속 내용들은 옮긴이가 추가한 설명입니다.

서문

내가 들었던 최고의 조언은 "어렸을 때 필요로 했던 사람이 되라"는 것이었다. **괴롭힘을 당할 때면 나는 영웅이 문을 열고 뚜벅뚜벅 걸어와 나를 구해 주는 것을 상상하곤 했다.** 그때를 떠올려 보면, 누군가에게 그런 영웅이 될 수 있기 위해 내가 나름대로 노력해 왔다는 사실이 자랑스럽다.

어린 시절에 나는 판타지 소설에 푹 빠져서 지냈다. **나 같아 보이고 나같이 느껴지는 사람들을 찾아내고 싶었다.** 하지만 그런 사람은 거의 없거나 아예 없기 일쑤였다. 나는 겨우겨우 찾아낸 소수의 사람들을 꼭 붙들고서, 내가 이 세상에서 떨어져 나가지 않을 수 있게, 이 세상에서 내가 설 자리를 찾을 수 있게 해 주는 닻으로 삼았다. 나처럼 세상이 무섭고 혼란스러운, 그렇지만 세상에 대해 호기심도 많은 사람들의 이야기를 읽노라면 내가 인간으로서 실패작이라는 생각을 덜어 낼 수 있었다. 그들은 내가 힘든 시기를 헤쳐 갈 때 너무나 필요로 했던 내 가족이었다. 하지만 그들은 소설 속 인물이었다.

십 대가 되어서야 나는 **현실에도 나에게 길잡이가 되어 줄 수 있고 내가 사랑할 수 있는 영웅이 많이 존재한다는 것을 알게 되었다.** 오랫동안 퀴어들, 특히 유색인종인 퀴어와 트랜스젠더들은 사회에서 너무나 주변적이고 너무나 다르다고 여겨져서 역사의 서술에 포함되지 못했다. 느리게나마 달라지고는 있지만, 여전히 우리의 이야기는 찾아보기 어렵고 퀴어로 살아가고자 하는 사람들은 여전히 세계 곳곳에서 희생되고 있다.

하나의 공동체community로서, 우리는 사람들이 우리에 대해 혐오하는 점을 우리가 스스로에 대해 사랑하는 점으로 바꿔 내기 위해 힘겹게, 힘겹게 노력해 왔다. "퀴어queer"라는 단어도 그렇다. 오랫동안 이 단어는 그렇게 지목된 사람들이 자신의 정체성을 수치스럽게 느끼게 하기 위해 사용되었다.* 퀴어로 존재한다는 것은 위험하고 좋지 못해 보이는 방식으로 남들과 다르다는 것을 의미했다. 하지만 더 이상은 아니다. **나는 남들과 "다른" 나의 면모가 자랑스러우며, 그러한 내가 아닌 채로 살지 않을 것이다.**

* 원래의 영어 단어 queer는 "기이한," "괴상한"이라는 뜻이다. 옮긴이

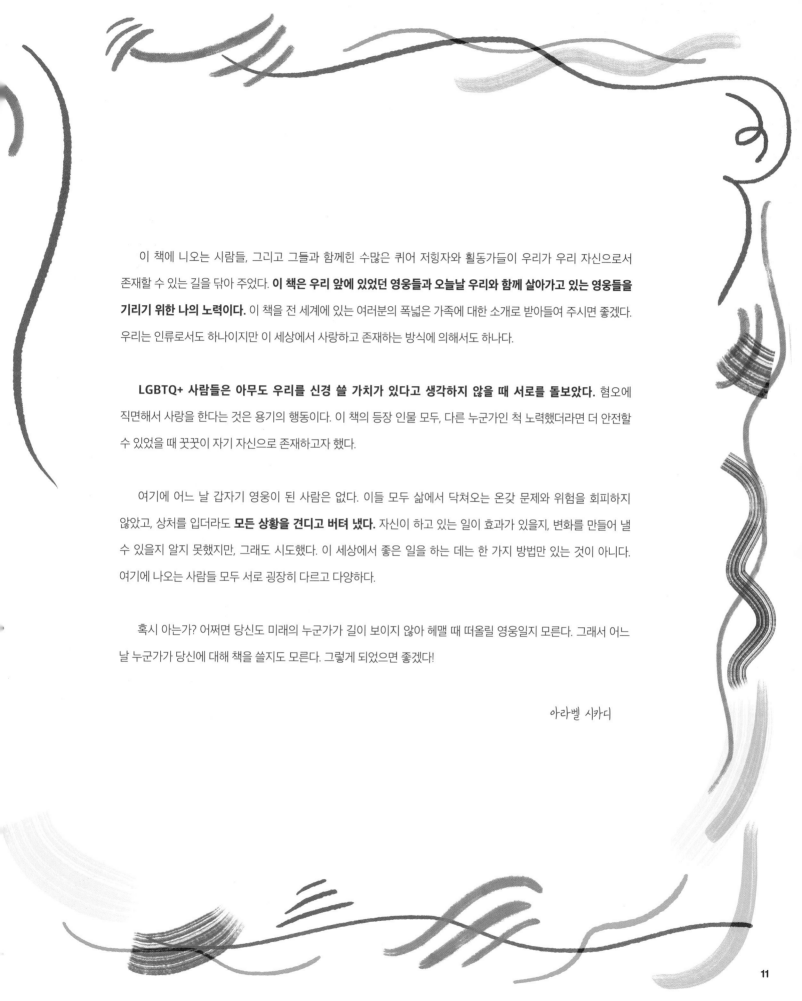

이 책에 니오는 사람들, 그리고 그들과 함께힌 수많은 퀴어 저힝자와 횔동가들이 우리가 우리 자신으로서 존재할 수 있는 길을 닦아 주었다. **이 책은 우리 앞에 있었던 영웅들과 오늘날 우리와 함께 살아가고 있는 영웅들을 기리기 위한 나의 노력이다.** 이 책을 전 세계에 있는 여러분의 폭넓은 가족에 대한 소개로 받아들여 주시면 좋겠다. 우리는 인류로서도 하나이지만 이 세상에서 사랑하고 존재하는 방식에 의해서도 하나다.

LGBTQ+ 사람들은 아무도 우리를 신경 쓸 가치가 있다고 생각하지 않을 때 서로를 돌보았다. 혐오에 직면해서 사랑을 한다는 것은 용기의 행동이다. 이 책의 등장 인물 모두, 다른 누군가인 척 노력했더라면 더 안전할 수 있었을 때 꿋꿋이 자기 자신으로 존재하고자 했다.

여기에 어느 날 갑자기 영웅이 된 사람은 없다. 이들 모두 삶에서 닥쳐오는 온갖 문제와 위험을 회피하지 않았고, 상처를 입더라도 **모든 상황을 견디고 버텨 냈다.** 자신이 하고 있는 일이 효과가 있을지, 변화를 만들어 낼 수 있을지 알지 못했지만, 그래도 시도했다. 이 세상에서 좋은 일을 하는 데는 한 가지 방법만 있는 것이 아니다. 여기에 나오는 사람들 모두 서로 굉장히 다르고 다양하다.

혹시 아는가? 어쩌면 당신도 미래의 누군가가 길이 보이지 않아 헤맬 때 떠올릴 영웅일지 모른다. 그래서 어느 날 누군가가 당신에 대해 책을 쓸지도 모른다. 그렇게 되었으면 좋겠다!

아라벨 시카디

프레디 머큐리 Freddie Mercury

1946년 9월 5일, 탄자니아 출생
1991년 11월 24일, [영국] 런던 사망

"[깨고 나가] 자유로워지고 싶어I want to break free."
전설의 록 밴드 퀸Queen의 리더 프레디 머큐리는 이렇게 노래했다. 그리고 정말로 자유를 위해 깨고 나왔다. 그는 음악에서 기성 장르를 거부했고 삶에서 사회가 정한 경계들을 거부했다.

프레디의 가족은 원래 [인도] 뭄바이에 살다가 아버지의 일 때문에 탄자니아로 이사했고 그곳에서 프레디가 태어났다. 부모가 지어 준 이름은 파로크 불사라Farrokh Bulsara였다. 부모는 그를 다시 인도의 기숙학교에 보냈고 학교에서 프레디는 피아노를 배웠다. 또 그는 서구의 팝 음악을 너무나 좋아했고 스스로를 "프레디"라고 부르기 시작했다.

1964년에 탄자니아에서 혁명이 일어나 안전하게 지내기가 어려워지면서 프레디의 가족은 영국으로 이주했다. 프레디는 몇몇 밴드에서 활동하다가 마침내 브라이언 메이Brian May, 로저 테일러Roger Taylor, 존 디콘John Deacon과 팀을 이뤘다. 프레디는 밴드 이름으로 **"퀸"**을 제안했다. "퀸"이 게이 남성을 지칭하는 데 쓰이는 말이라는 것을 알고 한 제안이었다. 그리고 성을 "머큐리"로 바꾸었다.

프레디의 놀라운 보컬과 넘치는 무대 에너지로 퀸은 처음부터도 꽤 성공을 거두었지만, 음악계 명예의 전당에 확고하게 이름을 올리게 된 것은 1975년에 싱글 **"보헤미안 랩소디Bohemian Rhapsody"**를 내놓았을 때였다. 음반사 사장들은 6분이나 되는 "유사 오페라"식 음악이 너무 길고 이상해서 히트를 치기 어려울 것이라고 보았지만, "보헤미안 랩소디"는 BBC 라디오1에 소개된 뒤 대성공을 거두었고 2019년 말 현재 영국에서 사상 세 번째로 많이 팔린 싱글이 되었다.

프레디는 엄청난 카리스마로 무대를 휘어잡는 공연자였다. 딱 붙는 타이츠, 가죽 의상, PVC[비닐] 의상 등 그가 선보인 매우 다양한 의상은 "남성 복식"의 경계를 밀어붙이는 것처럼 보였다. 성별 정체성을 공개적으로 밝히지는 않았지만 프레디는 남성과도 여성과도 데이트를 했다.

프레디는 불과 45세이던 1991년에 에이즈 관련 질병으로 사망했다. 하지만 게이 아이콘으로서의 상징성은 계속해서 더 높아졌다. 레이디 가가Lady Gaga는 퀸의 노래 **"라디오 가가Radio Gaga"**에서 이름을 따왔고 "보헤미안 랩소디"는 발매 43년이 지난 2018년 12월 현재 전 세계적으로 총 16억 회 이상 스트리밍 되어 20세기에 발표된 곡 중 최다 스트리밍을 기록했다.

사포 Sappho

기원전 630년경 출생 –
기원전 570년경 사망

그리스 레스보스 섬

사전에 등재된 단어의 어원이 되는 것보다 더 상징적인 일이 있을 수 있을까? 고대 그리스의 여류 시인 사포가 바로 그렇게 사전에 자신의 유산을 남겼다. "레즈비언"이라는 단어가 레스보스 섬 출신인 사포에게서 유래했다.

사포는 남성에게도 여성에게도 향하는 사랑의 시를 썼으므로 "바이섹슈얼"이라고 불릴 수도 있을 것이다. 하지만 가장 유명한 작품들이 그가 열망한 한 소녀에 대한 것이기 때문에 동성을 향한 사랑과 열망의 아이콘으로 여겨지고 있다. 그렇다고 사포가 이것 때문에만 유명한 것은 아니다. 사포는 알려진 바로 서구 최초의 여류 작가였다. 당시에도 매우 유명하고 찬사받는 시인이어서, 철학자 플라톤은 예술과 문학을 관장하는 그리스 신화 속 아홉 뮤즈에 이어 사포를 **"열 번째 뮤즈"**라고 부르기도 했다.

안타깝게도 사포의 놀라운 시 중 현전하는 것은 매우 적다. 하지만 조각으로나마 남아 있는 작품들은 지극히 뛰어난 그의 재능을 여실히 보여 주며, 사포의 작품은 오늘날까지도 우리가 사랑과 열망을 말하는 방식에 영구적인 영향을 미쳤다.

오드리 로드 Audre Lorde

1934년 – 1992년, [미국] 뉴욕 할렘

흑인, 레즈비언, 어머니, 전사, 시인…. 모두 오드리 로드가 스스로를 표현하는 데 사용한 말이다. 누구에게라도 하나 이상의 정체성이 동시에 공존할 수 있다는 것, 그리고 특정한 정체성으로 꼬리표가 붙거나 특정한 범주에 갇히기를 거부하겠다는 것을 뜻한다.

뉴욕에서 태어난 오드리는 내성적인 아이였다. 어려서부터 시를 좋아했고 시를 자신을 표현하는 수단으로 삼았다. 그는 헌터 칼리지와 컬럼비아 대학을 다녔고 그 다음에 도서관 사서로 일했다. 이때 만난 남편과 두 아이를 두었지만 1970년에 이혼했고 이 무렵 평생의 파트너가 되는 [여성 심리학자] 프랜시스 클레이튼Frances Clayton을 만났다.

1968년에 펴낸 시집 《최초의 도시들The First Cities》을 시작으로 오드리의 길고 풍성한 저술 활동이 이어졌다. 평생에 걸쳐 여러 권의 시집과 에세이집을 내면서 인종주의, 성차별주의, 계급주의, 억압, 호모포비아, 아동 방임 등 페미니스트이자 흑인 여성이자 어머니이자 레즈비언으로서 자신에게 중요한 주제들을 탐색했고 세상에 이야기했다. 오드리는 시인으로서의 위치를 평등에 대한 사회의 인식을 높이고 모든 종류의 억압받는 사람들에게 더 살 만한 세상을 만들기 위해 싸우는 데도 활용했다. **"우리를 분열시키는 것은 우리 사이의 차이들이 아니다. 그러한 차이들을 인식하고 받아들이고 축복하지 못하는 우리의 무능력이 우리를 분열시키는 것이다."** 정말 그렇다.

1980년대에 오드리는 유색인종 페미니스트들의 출판 및 저술 활동을 촉진하기 위해 "키친 테이블: 유색인종 여성을 위한 출판사Kitchen Table: Women of Colour Press"를 공동 설립했다. 또한 아파르트헤이트 체제에서 고통받는 여성들의 삶을 세상에 알리고 그들을 지원하기 위해 "남아프리카공화국의 자매들을 위한 자매 연대Sisterhood in Support of Sisters in South Africa, SISA"의 설립에도 참여했다.

오드리 로드는 1992년에 암으로 사망했지만 수많은 사람들의 삶과 정치에 오늘날까지 막대한 영향을 미치고 있다.

만벤드라 싱 고힐 Manvendra Singh Gohil

1965년 9월 23일, 인도 아지메르 출생

왕족으로 사는 것이 늘 쉽고 편한 것은 아니다. 세계 최초의 커밍아웃한 게이 왕자라면 더욱 그렇다.

바로 그것이 만벤드라 싱 고힐의 삶이다. 그는 인도 구자라트 주 라즈피플라 토후국에서 왕위 계승이 유력한 왕자로 태어났다. 어렸을 때 자신이 게이임을 알았지만, 1991년에 어느 공주와 결혼하면서 더 이상 그런 감정을 느끼지 않게 되기를 바랐다. 하지만 이 결혼은 불가피하게 이혼으로 끝났다.

이후 10년간 만벤드라는 자신의 정체성을 숨기려 애썼다. 스스로를 감추고 억누르려 한 데서 발생한 긴장이 점점 심해져서 2002년에는 급기야 극심한 신경쇠약에 시달렸다. 다시 그로부터도 4년이나 더 지나서, 마침내 만벤드라는 공개적으로 게이임을 밝혔다. 이 소식은 신문마다 대서특필되었고 도처에서 그의 인형과 사진이 불태워졌으며 부모는 아들과 절연하고자 한다고 공식 선언했다. 2007년에 만벤드라는 "오프라 윈프리 쇼Oprah Winfrey Show"에 출연했다. 이것은 그의 삶에서 중대한 전환점이었다. 만벤드라는 방송을 통해 [자신의 성별 정체성을 드러내지 못하는] 인도의 "클로짓 게이closet gay"들에게, 그리고 더 넓은 세계에, 게이로 살아도 괜찮다고 이야기할 수 있었다. 실로 엄청난 메시지였다. 당시에 인도에서는 동성애가 영국의 식민 통치기로까지 거슬러올라가는 형법에 의해 범죄로 취급되고 있었기 때문이다.

만벤드라는 LGBTQ+의 권리에 대해 사회의 인식을 제고하는 일에 전념하고 있다. 2000년에 에이즈와 HIV 예방을 위한 단체 "라크샤 트러스트Lakshya Trust"를 세웠고 15에이커[약 60,700m²] 규모의 분홍색 궁을 개방해 위태롭고 취약한 상황에 처한 LGBTQ+ 사람들을 위한 쉼터를 만들었다. 이 쉼터는 [머물 곳이나 생계 수단이 없는] 성소수자들에게 독립적으로 살아갈 수 있는 법을 알려 주고, 안전한 섹스에 대한 세미나를 열고, 성소수자 가족 대상의 워크샵을 열어 정보를 제공하는 등의 활동을 펴고 있다.

프리다 칼로 Frida Kahlo

프리다 칼로는 생생하고 초현실적인 자화상으로 잘 알려진 화가다.

칼로는 멕시코시티의 "라 카사 아줄La Casa Azul"● 에서 태어났고 자매들과 함께 어린 시절을 보냈다. 여섯 살 때 소아마비에 걸려 오른쪽 다리를 자유롭게 쓰지 못하게 되었고 아버지는 재활을 돕기 위해 프리다가 되도록 여러 가지 스포츠를 하게끔 독려했다.

프리다는 아버지와 특히 가까웠고 아버지의 사진관에 자주 놀러갔다. 아버지와 함께 창조적인 활동을 하는 것을 좋아했고 그림도 배우기 시작했지만, 프리다는 과학에 관심이 더 많았다. 1922년에 프리다는 나중에 의대에 갈 생각으로 명문 고등학교인 멕시코국립예비학교Escuela Nacional Preparatoria에 입학했고, 이곳에서 미래의 남편 디에고 리베라Diego Rivera를 만났다.

학교에서 프리다는 정치 활동을 하는 학생들과 친해졌고 나중에는 "청년 공산주의자 연맹"과 멕시코 공산당 활동에 참여했다. 하지만 열여덟 살 때 심각한 버스 사고를 당하면서 인생의 경로가 완전히 무너지게 된다. 프리다는 전신에 깁스를 한 상태로 평생을 침대에서, 그리고 잔혹하고 끔찍한 통증 속에서 살아야 했다.

사고 이후 프리다는 의사의 꿈을 포기했고 그림으로 관심을 돌렸다. 거의 움직이지도 못하는 상태로 홀로 있으면서, 프리다는 자화상을 그리는 것으로 시간을 보내기 시작했다. 프리다의 그림에는 멕시코 원주민 예술에서 영감을 받은 화려하고 대담한 색상과 강렬하고 극적인 상징들이 사용되었고 자신이 느끼는 끊이지 않는 고통이 표현되어 있었다.

● "파란 집"이라는 뜻이며, 현재 "프리다 칼로 뮤지엄"으로 대중에 공개되어 있다. 옮긴이

"나를 그리는 이유는 나는 종종 혼자 있고 내가 가장 잘 아는 주제가 나이기 때문이다."

프리다는 그림을 디에고 리베라에게 보여 주었고 디에고는 그림을 계속 그리도록 독려해 주었다. 곧 두 사람은 연인이 되었고 1929년에 결혼했다. 하지만 결혼 생활은 순탄하지 않았다. 프리다는 공개적으로 바이섹슈얼이었고 남성 여성 모두와 스캔들이 있었으며 디에고도 여러 스캔들이 있었다. 결국 둘은 이혼하는데, 1940년에 재결합한다.

1938년에 프리다는 뉴욕에서 첫 개인전을 열었고 대성공을 거두었다. 이어서 파리에서도 굉장한 호평을 받았다. 루브르 박물관이 프리다의 작품 중 하나를 구매해서, 프리다는 루브르 소장품에 이름을 올린 20세기 최초의 멕시코 화가가 되었다.

서구 예술계에서 성공을 거두었다고 해서 급진적인 정치적 입장이 시들해지지는 않았다. 프리다는 그림에서 미국을 오염된 땅, 삶과 자연이 텅 빈 공허한 땅으로 묘사했고, 돈에 대한 숭배를 표현하기 위해 창문에 달러 표시가 있는 모습으로 미국 교회를 그렸다.

그러는 동안 건강은 계속 악화되었다. 1953년에 프리다는 거동이 극도로 힘든 상태로 앰뷸런스에 의지해 멕시코에서 첫 개인전을 열었다. 만약을 대비해 갤러리에 침대가 마련되었다. 1954년, 사망하기 불과 며칠 전에는 미국의 과테말라 정치 개입에 항의하는 시위에 참여했다.

그리고 오늘날, 멕시코의 바이섹슈얼 공산주의자 페미니스트 프리다 칼로는 시대를 통틀어 가장 널리 알려진 화가 중 한 명이다.

엠마 곤잘레스 Emma González

1999년, 미국 플로리다 출생

엠마 곤잘레스는 평범한 십 대가 아니다. 세계적으로 유명한 활동가다. 다니던 학교에서 총기 난사 사건이 벌어진 뒤, 엠마는 참을 만큼 참았다고 [그리고 공허한 애도 속에 또다시 문제를 덮고 지나갈 수는 없다고] 생각했다.

엠마는 플로리다 주의 "마조리 스톤먼 더글러스 고등학교Marjory Stoneman Douglas High School" 학생이었다. 그곳에서 친구들도 만났고 자긍심 있는 쿠바계 바이섹슈얼로서 **"게이-스트레이트 얼라이언스Gay-Straight Alliance"**를 이끌기도 했다. 또 엠마는 텔레비전 보는 것을 좋아했고 그림과 자수도 좋아했다. 하지만 평범한 고등학생으로서의 삶은 2018년에 17명의 학생과 교직원이 숨지고 17명이 부상을 입는 총기 난사가 벌어지면서 완전히 바뀌게 된다.

미국에서 숱하게 있었던 학교 총기 난사 사고의 긴 목록에

이름을 올린 그날의 사건 이후, 엠마를 비롯해 생존한 친구들은 더 이상 침묵하고 있기를 거부했다. 사건 사흘 뒤에 엠마는 더 엄격한 총기 규제를 요구하는 연설에서 정치인, 전국총기협회NRA, 그밖에 이 비극이 일어나지 않게 할 수도 있었을 기관과 사람들이 단골로 읊는 공허한 말과 변명에 대해 "개소리Bullshit"라고 일갈했다. 엠마는 연설 도중 6분 20초 동안 말을 멈추었는데, 총기 난사가 벌어져 많은 이들의 삶이 송두리째 바뀌는 데 걸린 시간이 6분 20초였다.

엠마는 워싱턴DC에서 더 효과적인 총기 규제를 요구하며 열린 "우리의 생명을 위한 행진March for Our Lives"에 참여했고, **"네버 어게인 MSD**[마조리 스톤먼 더글러스 고등학교 같은 사건이 다시는 없게 하자]"라는 학생 주도의 단체를 만들었다. 총기 사건 이후 엠마는 더 안전한 세상을 만들기 위해 헌신하고 있으며, 총기 규제 강화를 위한 정책 개선 운동을 계속 전개하고 있다.

"내가 듣는 말이라곤, 온통 '내 거야, 내 거야, 내 거야, 내 거야'뿐이다. 무언가를 해야 할 때다."

"미국총기협회에서 후원금을 받는 모든 정치인들은 부끄러운 줄 알기 바란다."

"총은 달라졌는데 우리의 법은 그대로다."

제임스 **볼드윈** James Baldwin
1924년 8월 2일 출생 – 1987년 12월 1일 사망
미국 뉴욕

"당신이 하나뿐인 당신의 인생을 살지 않는다면 다른 인생을 사는 것이 아니라 아무 인생도 살지 않게 되는 것입니다." 작가이자 활동가인 제임스 볼드윈은 이렇게 말했다.

제임스는 뉴욕에서 태어났고 어렸을 때부터 창조적인 재능과 열정으로 글쓰기에서 두각을 나타냈다. 하지만 가족의 생계를 돕기 위해 글 쓰는 일은 접어 놓고 뉴저지의 한 공장에서 일을 시작했다. 그 시절 흑인들이 늘상 겪었듯이, 제임스도 극도의 차별과 폭력적인 인종주의, 그리고 인종 분리에 시달렸다. 얼마 후 제임스는 그리니치 빌리지로 터전을 옮겨 소설 쓰기에 전념하기로 했다. 이 시기에 작가 리처드 라이트Richard Wright를 만났고 그의 도움으로 [창작 지원 프로그램에서] 지원금을 받을 수 있었다. 한두 해 뒤에 다시 한 번 터전을 옮기는데, 이번에는 파리였다.

유럽에서 그는 작가로서 성공할 수 있었을 뿐 아니라 자신에게서 여러 층위의 정체성을 발견할 수 있었다. 퀴어 성향도 그중 하나였다. 1956년에 그는 두 번째 소설 《조반니의 방Giovanni's Room》으로 일대 파란을 일으켰다. 남성에 대한 사랑과 여성에 대한 사랑 사이에서 괴로워하는, 파리에 사는 한 미국인의 이야기는 당대의 많은 이들에게 그저 너무나 받아들이기 힘든 내용이었던 것이다.

제임스는 인종 문제에 대한 글과 발언으로 가장 잘 알려져 있다. 그는 미국의 흑인 민권civil rights 운동에서 비중 있는 목소리를 냈다. 하지만 이것을 "민권 운동"이라고 부르는 것에 대해 너무 협소한 개념이라고 문제를 제기하기도 했다. "민권civil rights"은 시민citizen에게 속하는 권리인데, 제임스는 그들의 투쟁이 이보다 더 포괄적인 전 인격적 권리를 위한 투쟁이라고 보았기 때문이다. 제임스에게 인종주의와 호모포비아는 늘 연결되어 있었고 둘 다 미국 문화가 "유아적infantile"인 상태임을 보여 주는 징후였다. 그는 1987년에 사망했지만 그의 에세이, 희곡, 소설에서 드러나는 인종과 섹슈얼리티에 대한 개념들, 그리고 그 둘을 교차하는 개념들은 오늘날에도 그 당시 못지않게 여전히 강력하고 유의미하다.

수비 나하스

Subhi Nahas

1988년 출생   시리아 이들리브

"당신이 밖에서 안전하지 않다면 안에서도 안전하지 않은 것입니다. (…) 그때는 도망쳐야 합니다." 바로 수비 나하스가 처한 상황이었다.

수비가 태어난 나라 시리아에서는 프랑스와 영국의 식민 통치기이던 19세기 이래로 동성애가 불법이었다. 공개적으로 게이라고 밝힌 것은 아니었는데도 단지 외모, 걸음걸이, 말투 같은 것들이 남들과 "달라서" 그는 일상적으로 위협과 괴롭힘에 시달렸다. 아버지마저 웬만하면 그와 말도 하지 않으려 했고 때때로 심하게 윽박질렀다. 수비가 치료를 받아야 할 정도까지 간 적도 있었다.

2011년에 시리아 내전이 터지면서 LGBTQ+ 사람들의 삶은 한층 더 악화되었다. 게이로 의심되면 집에 있다가도 납치되었고 다시 돌아오지 못한 사람들도 있었다. 2012년의 어느 날, 대학생이던 수비는 버스를 타고 학교에 가던 중이었는데 검문소에서 군인들이 그를 지목해 버스에서

내리라고 했다. 그는 어딘가에 갇혔고 30분 동안 군인들이 욕설을 퍼부으며 언어 폭력을 가했다. 살아서 나갈 수 있을지 알 수 없었고 극심한 생명의 위협을 느꼈다. 천만다행히도 그들은 그를 풀어 주었다.

수비는 시리아를 떠나야 한다는 것을 깨달았다. 그는 택시 운전사에게 웃돈을 주고 국경을 넘어 레바논으로 갔고 6개월간 레바논에서 지내다가 다시 터키로 갔다. 터키에서 수비는 전 세계의 LGBTQ+ 난민과 이주민을 돕는 단체 "망명, 비호, 이주를 위한 조직(Organization for Refuge, Asylum & Migration, ORAM)"을 만날 수 있었다.

그는 ORAM의 도움으로 1년여 동안 서류 작업과 면접 심사를 거쳐 무사히 터키를 떠나 미국에 올 수 있었고 2015년에 캘리포니아에 정착했다. 그 이후로 수비는 LGBTQ+인 난민들에게 생명줄이 될 자원을 제공하는 "스펙트라 프로젝트Spectra Project"를 설립하는 등 LGBTQ+를 위한 활동을 왕성하게 펼치고 있다.

토베 얀손 *Tove Jansson*

1914년 8월 9일 출생 - 2001년 6월 27일 사망, 핀란드 헬싱키

리틀 마이 Little My, **무민트롤**Moomintroll, **스노크메이든** Snorkmaiden, **무민파파**Moominpappa**를 아시는지? 이들은 다재다능한 예술가 토베 얀손의 멋진 예술 인생에서 창조된 대표적인 캐릭터다.**

토베는 핀란드의 예술가 집안에서 태어났다. 아버지는 조각가, 어머니는 삽화가였다. 아주 어렸을 때부터 토베는 부모의 길을 따라 그림을 그리기 시작했다. 미래의 토베를 예고하기라도 하듯, 어린 토베는 직접 그림을 그리고 글씨를 적어 넣고 꼼꼼히 풀로 제본해 자신만의 "작은 책"들을 만들며 많은 시간을 보냈다.

토베는 스톡홀름 응용미술대학Stockholm College of Applied Art, 핀란드 국립 갤러리의 헬싱키 예술협회 미술학교Helsinki Art Society, 파리의 에콜 다드리엥 올리Ecole d'Adrien Holy와 에콜 데 보자르Ecole des Beaux Arts 등에서 교육을 받았다. 해외 곳곳을 다

니며 학업을 이어 가는 한편으로, 정치풍자 매체 《가름Garm》을 포함해 여러 매체에 만화와 삽화를 그렸다. 무민 캐릭터가 첫 선을 보인 곳이 바로 《가름》이다(처음에는 지금보다는 조금 더 못된 모습이었다!).

토베는 남성, 여성 모두와 연애를 했지만 화가 툴리키 피에틸라Tuulikki Pietilä를 만나고 영원한 사랑을 찾았다. 피에틸라가 무민 캐릭터 중 하나인 "투티키Too-ticky"에 영감을 주었다고 보는 사람들도 있다. 두 사람은 [공식 행사에 함께 참석하는 등] 그들의 관계를 숨기지 않았고 서로의 작품 활동을 지원했다. 오늘날 이들은 이들을 아는 LGBTQ+ 사이에서 영웅이다. 책으로 나온 첫 무민 만화는 1945년에 출간되었고, 이후 무민의 마법 같은 세계는 성공에 성공을 거듭했다. 토베는 1966년 **국제 한스 크리스티안 안데르센 상**, 1975년 **오더 오브 더 스마일 상** 등 평생에 걸쳐 많은 상을 받았다.

앨런 튜링 *Alan Turing*

1912년 6월 23일, 영국 런던 출생 - 1954년 6월 7일, 영국 윔슬로 사망

1912년에 런던에서 태어난 앨런은 어렸을 때부터 굉장히 똑똑한 아이였다.

아홉 살 때 교장 선생님은 앨런을 천재라고 불렀고 어떤 선생님들은 앨런이 수업 시간에 별로 집중하지 않는데도 성적이 좋은 것을 못마땅해 하기도 했다! 놀랍도록 뛰어난 지능은 장차 앨런이 위대한 일을 할 운명임을 예고해 주었지만 그 밝은 미래에는 그림자가 드리워 있었다. 그가 살아갈 세상이 그의 모든 면모를 온전히 받아들여 주지는 않을 것이었기 때문이다.

1931년에 앨런은 케임브리지 대학 킹스 칼리지에 들어가 수학을 전공해 최우등으로 졸업했고 1936년에 미국 프린스턴 대학으로 가서 박사 과정을 밟았다. 몇 년 뒤 그는 영국 블레츨리 파크Bletchley Park의 정부암호연구소(Government Code and Cypher School, GC&CS)에서 일하게 되었고, 여기에서 이룩한 업적으로 훗날 사람들에게 널리 알려지게 된다. 정부암호연구소는 2차 대전 중에 적국의 암호를 해독하기 위해 만들어진 곳이었다.

이곳에서 앨런이 남긴 가장 두드러진 공헌은 독일군이 사용하던 기계 암호 **에니그마**Enigma를 풀어낸 것이다. 앨런과 그의 팀이 이 암호를 풀어내지 못했다면 전쟁 종식이 한참 더 늦어졌을지도 모른다.

하지만 전쟁 승리에 기여한 놀라운 업적에도 불구하고 그가 받은 대우는 존중이 아니었다. 영국에서 게이로 살아가는 것이 불법이던 시절에 그가 게이였기 때문이다. 1952년에 그는 "외설gross indecency" 혐의로 기소되었고, 2013년이 되어서야 그의 "범죄"에 대해 공식적으로 사면이 이루어졌다. 2017년에 영국 정부는 그와 비슷한 죄목으로 기소되었던 모든 게이 남성을 공식 사면한다고 발표했고 이 사면법은 그의 이름을 따서 **"앨런 튜링 법"**이라고 불린다.

미켈란젤로 *Michelangelo*

1475년 3월 6일, 이탈리아 카프레세 출생 – 1564년 2월 18일, 이탈리아 로마 사망

화가, 시인, 조각가, 건축가인 미켈란젤로는 이탈리아 르네상스 시기의 가장 위대한 예술가로 꼽히며 어느 누구도 필적할 수 없을 만한 유산을 남겼다.

1475년에 피렌체 인근 카프레세에서 태어난 미켈란젤로는 열세 살에 당대의 저명한 화가 도메니코 기를란다요 Domenico Ghirlandaio의 도제가 되었다. 그의 밑에서 3년간 도제 기간을 거치기로 되어 있었지만 1년 만에 배워야 할 것을 다 배웠고, 곧 로렌초 데 메디치Lorenzo de' Medici의 눈에 띄게 되었다. 피렌체의 선도적인 예술 후원자이던 메디치가 젊은 예술가 미켈란젤로의 재능을 빠르게 알아본 것이다.

이후 몇 년 동안 미켈란젤로는 이탈리아 전역을 다니면서 당대의 가장 위대한 예술가로 그의 입지를 굳힌 유명한 작품들을 내놓았다. 1508년에는 바티칸의 **시스티나 예배당** 천장화 작업을 의뢰받았다. 그는 공중에 높이 매달려서 4년 동안 예배당의 광대한 천장에 그 유명한 천장화["천지창조"]를 그렸다.

예술가로서의 경력은 너무나 잘 알려져 있지만 그의 섹슈얼리티에 대해서는 역사학자들 사이에 아직도 논란이 있다. 어떤 학자들은 토마소 데이 카발리에리Tommaso dei Cavalieri라는 귀족과의 관계가 미켈란젤로가 게이였음을 시사한다고 본다. 미켈란젤로는 데이 카발리에리를 1532년에 만났고 그 이후로 수많은 시와 작품을 그에게 바쳤다. 미켈란젤로의 성별 정체성은 분명히 알 수 없지만, 한 가지 분명한 것은 그가 자신이 가진 경이로운 재능으로 놀랍도록 아름다운 남성의 신체 형태들을 조각했다는 사실이다.

1956년 10월 18일,
체코 프라하 출생

마르티나 나브라틸로바 Martina Navratilova

게임, 세트, 매치! 마르티나 나브라틸로바는 믿기 어려울 정도의 뛰어난 재능으로 테니스 세계에서 정상에 올랐다. 세계 최고의 여성 테니스 선수가 된 마르티나는 게이·레즈비언 권리 옹호 활동을 펴는 데도 적극적으로 나섰다.

마르티나는 체코슬로바키아(현재의 체코공화국)에서 태어났다. 테니스에 대한 사랑은 아주 어려서부터 시작되어서, 여덟 살 때 첫 경기에 나섰으며 1975년이면 세계가 주목하기 시작한 프로 테니스 선수가 되어 있었다. 그해에 마르티나는 체코슬로바키아에 계속 머물면 프로 테니스 선수로서의 기회가 제약될 것이라고 판단해 미국으로 건너왔고 1981년에 미국 시민권을 획득했다.

마르티나는 스포츠계에서 승승장구했다. 긴 말 필요없이, 기록이 말해 준다. 마르티나는 윔블던에서 여성 단식 우승을 9회나 차지한 것을 포함해 **그랜드 슬램 경기에서 총 59회 우승**을 했다(단식 18회, 여성 복식 31회, 혼합 복식 10회). 또 **여성테니스협회(Women's Tennis Association, WTA)가 수여하는 올해의 선수상**을 일곱 번이나 받았고, **AP통신이 선정한 "올해의 여성 운동선수"**, 《스포츠 일러스트레이티드》가 선정한 세계 40대 운동선수, 그리고 "국제 테니스 명예의 전당International Tennis Hall of Fame"에 이름을 올렸다.

마르티나는 코트 밖에서도 코트 안에서 못지않게 영감을 주는 인물이었다. 마르티나는 레즈비언임을 숨기지 않았고 스포츠계에서 자신이 가진 두드러진 지위를 게이·레즈비언의 인권 옹호를 위해 목소리를 내는 데 활용했다. 늘 쉽지는 않았다. 선수 활동 내내 마르티나는 진정한 자기 자신이 되기 위해 수없이 편견에 맞닥뜨려야 했고 기업들이 호모포비아 때문에 레즈비언 운동선수와 거리를 두려 하면서 수백만 달러의 후원금도 잃어야 했다. 하지만 1981년에 커밍아웃을 한 이래 마르티나는 여러 단체를 적극적으로 지원하면서 게이·레즈비언의 동등한 권리를 위해 계속해서 왕성하게 활동하고 있다.

시아 Sia

1975년 12월 18일, 호주 애들레이드 출생

시아는 커다란 가발로 얼굴을 가리고서, 스스로 준비가 될 때까지 자신이 누구인지 드러내지 않은 채 자신의 방식과 이야기로 음악계를 장악했다. 오늘날 그는 우리 시대의 가장 뛰어난 싱어송라이터로 꼽힌다.

1975년에 호주에서 태어난 시아 케이트 이소벨 퓰러Sia Kate Isobelle Furler는 창조적인 예술가 집안에서 자랐다. 아버지는 음악가였고 어머니는 시각 예술가이자 강사였다. 창조성의 핏줄은 어디 가지 않았다. 시아는 곡을 쓰고 노래를 하고 몇몇 그룹에 참여하면서 호주에서 영국으로, 다시 미국으로 대륙을 오가며 음악 활동을 했고, 미국 텔레비전 쇼 "식스 피트 언더Six Feet Under"에 그의 노래 중 하나가 사용되면서 본격적으로 이름이 알려지기 시작했다.

대중의 관심이 높아지면서 시아는 우울증과 약물중독으로 고통 받기 시작했고 건강을 돌보기 위해 무대 활동을 중단하기로 결정했다. 그리고 스포트라이트가 자신에게 쏟아지지 않는 가운데, 다른 팝 스타들을 위해 곡을 만드는 데 집중했다. 케이티 페리Katy Perry, 리하나Rihanna, 플로 리다Flo Rida, 다비드 게타David Guetta 등이 모두 시아와 콜라보를 했다.

몇 년 뒤에 시아는 노래로 무대에 돌아오기로 결심했다. 하지만 이번에는 자신이 누구인지를 미디어에 노출하지 않고 자신의 방식으로 무대에 돌아올 생각이었다. 시아는 지금은 그의 상징이 된 커다란 가발을 얼굴 위로 뒤집어써서 누구인지 알아볼 수 없게 하고서 **"샹들리에Chandelier"**를 발표했다. 이 곡은 대성공을 거두었고, 거의 모르는 사람이 없을 정도로 유명해졌다.

시아는 언론과의 인터뷰에서 남성 여성 모두와 데이트를 한 적이 있다고 공개적으로 말했다. 또 2017년에는 "프라이드"를 지원하는 빌보드 프로젝트●의 일환으로 변함 없는 지지에 대해 퀴어 공동체에 고마움을 전하는 공개 편지를 쓰기도 했다.

● 빌보드는 게이 프라이드 행사가 열리는 달을 맞아 여러 스타에게 LGBTQ 공동체에 전하는 편지를 보내 달라고 부탁했다. 옮긴이

팀 쿡 Tim Cook

1960년 11월 1일, 미국 앨라배마 출생

팀 쿡은 세계 최대 회사 중 하나의 CEO다.

팀은 앨라배마 주의 모빌에서 태어났고 로버츠데일이라는 작은 도시로 이사해 어린 시절과 학창 시절을 보냈다. 성실함과 뚝심으로 차근차근 경력의 사다리를 밟아 애플의 CEO 자리까지 올라간 뒤, 커밍아웃을 결심했다. 애플의 CEO 위치에 있는 사람이 성적 지향을 밝히면 섹슈얼리티와 관련해 고통받는 다른 사람들이 힘을 얻는 데 도움이 될지 모른다고 생각해서였다.

팀은 오번 대학에서 학부를, 듀크 대학에서 MBA 과정을 마친 뒤 IBM에 취직했다. 근면 성실함으로 승진을 거듭해 IBM의 북미 유통 총괄 디렉터가 되었고 1994년에는 인텔리전트 일렉트로닉스로, 그 다음에는 컴팩 컴퓨터로 자리를 옮겨 부사장 자리까지 올라갔다. 그리고 가장 중요하게, 1998년에 애플로 자리를 옮겼다.

팀이 왔을 때 애플은 이윤이 줄고 있었고, 그때는 아이맥, 아이팟, 아이폰 등 오늘날 유명한 제품들이 아직 나오기 전이었다. 하지만 팀은 1년 만에 회사를 경로에 다시 올려 놓는 데 성공했고 애플은 수익이 증가하기 시작했다. 그는 또다시 승진을 거듭해 2011년에 애플의 CEO가 되었다.

여기까지 오는 동안 팀은 사생활에 대해서는 공개적으로 이야기한 적이 별로 없었다. 그러다 2014년에 《블룸버그 비즈니스위크》와의 인터뷰에서 게이임을 공식적으로 인정했다.

"이제까지 내 섹슈얼리티를 부인해 본 적은 없지만 공개적으로 인정한 적도 없었습니다. 이 자리에서 분명히 말하겠습니다. 나는 게이인 것이 자랑스럽습니다."

마침내 성별 정체성을 밝히게 된 이유에 대해 팀은 모두의 평등과 인권을 옹호하는 일에 도움이 되기 위해서라고 설명했다. 같은 기사에서 그는 이렇게 말했다.

"나 스스로를 활동가라고 생각하지는 않습니다만, 다른 이들의 희생에서 내가 얼마나 득을 얻었는지 깨달았습니다. 그래서 애플 CEO가 게이라는 것이 알려진다면 자신의 정체성 때문에 고통스럽게 싸우는 누군가에게 도움이 될 수 있고, 혼자라고 느끼는 사람에게 위안이 될 수 있고, 그러한 사람들의 평등한 권리를 더 많은 사람들이 옹호하게 하는 데 도움이 될 수 있을지 모른다고 생각했습니다. 그럴 수 있다면 나의 프라이버시를 희생하기에 충분히 가치 있는 일일 것이라고 말입니다."

페드로 알모도바르 Pedro Almodovar

1949년 9월 25일,
스페인 칼자다 데 칼라트라바 출생

십 대 시절, 페드로 알모도바르에게는 커다란 꿈이 있었다.

부모는 그를 가톨릭 기숙 학교에 보냈고 그가 성직으로 진출하기를 바랐지만, 페드로는 시내 영화관에서 조용히 자신이 원하는 것을 배워 나갔다. 그리고 영화를 "보는" 것만으로는 더 이상 행복하지 않으리라는 것을 깨달았다. 그는 영화를 "만들고" 싶었다.

1967년에 마드리드로 간 그는 몇몇 일자리를 전전하면서도 영화를 만들겠다는 꿈을 버리지 않았다. 당시의 정부가 그 학교를 닫아버려서 가고 싶었던 영화 학교에는 다닐 수 없었지만, 그렇다고 열정을 쉽게 포기하지는 않았다. 그는 돈을 모아 슈퍼8 카메라를 한 대 장만했고 단편 영화를 찍기 시작했다. 그 순간부터 페드로는 영화 만드는 일을 계속 해 왔다. 1980년에 첫 장편을 찍었고 영화계에서 이름도 알려지기 시작했다. 그리고 1990년대 말에 선보인 영화 "내 어머니의 모든 것Todo sobre mi madre"으로 **아카데미** 외국어영화상과 **칸** 영화제 감독상을 받았다.

그의 영화 중에는 서로 비슷한 것이 하나도 없다. 그는 수많은 주제와 장르를 다양하게 탐색했고, 그 때문에 평론가들이 그의 작품을 어떤 범주로 구분해야 할지 몰라 당황하기도 했다. 그의 영화 상당수가 게이, 크로스드레서, 트랜스젠더 등의 이야기를 통해 동성애와 젠더 관련 주제들을 다루고 있다. 한 인터뷰에서 페드로는 유독 미국에 왔을 때만 그렇게 불린다며 "동성애자 감독"이라고 언급되는 것이 어색하다고 말했다. 스페인에서는 "게이 감독"이라는 꼬리표가 붙은 적이 없다. 2002년부터 페드로는 파트너와 함께 지내고 있으며, 게이임을 숨긴 적은 없지만 사생활이 미디어에 노출되는 것은 원하지 않는다.

버지니아 울프 Virginia Woolf

1882년 1월 25일, 영국 런던 출생 –

1941년 3월 28일, 영국 서섹스 사망

소설가, 수필가, 일기 작가, 편지 작가, 전기 작가로서, 버지니아 울프는 수많은 획기적인 작품을 남겼다.

버지니아의 매우 독창적인 글들은 페미니즘, 성 역할 전환, 정신 질환, 동성애 등 시대를 너무나 앞서간 주제들을 다루고 있다. 버지니아는 오늘날 역사를 통틀어 가장 혁신적이고 영향력 있는 작가 중 한 명으로 꼽힌다.

태어났을 때의 이름은 애덜라인 버지니아 스티븐Adeline Virginia Stephen이었고 식구가 많은 집에서 자랐다. 성인이 되어서는 영미 문학사에서 가장 혁명적이라 할 만한 작품들을 선보였다. 1915년에 첫 소설 《출항The Voyage Out》을 펴냈고 2년 뒤에 남편 레너드 울프Leonard Woolf와 호가드 출판사를 차렸다.

1922년에 버지니아는 여류 작가 비타 색빌-웨스트Vita Sackville-West를 만났다. 둘은 빠르게 친구가 되었고 곧 연인 관계로 발전했다. 비타와 버지니아 모두 결혼한 상태였

지만 둘의 관계는 여러 해 동안 지속되었고 함께 있지 못할 때면 열정적인 사랑의 편지를 썼다. 연애는 결국 끝나게 되지만 둘은 평생 친구로 남았다. 버지니아의 유명한 소설 《올란도Orlando》•는 비타에게 영감을 받은 작품이며, 버지니아가 비타의 사랑을 다시 얻기 위해 쓴 것이라는 설도 있다.

오늘날 많은 이들에게 버지니아는 페미니스트 아이콘이자 롤 모델로 여겨진다. 버지니아의 작품은 경계를 밀어붙였고 여성의 사회적 욕구에 관심을 불러 일으켰으며 젠더의 유동성, 섹슈얼리티, 정신 질환 등 당대의 관습에 도전하는 주제들을 이야기했다.

"누군가가 책에 대해 다른 이에게 할 수 있는 유일한 조언은, 조언을 따르지 말라는 것, 자신의 본능을 따르고 자신의 이성을 이용하고 자신의 결론을 내리라는 것뿐이다."

• 400년에 걸쳐 일부는 남성으로, 일부는 여성으로 살아가는 주인공 올란도의 삶을 담고 있다. 옮긴이

표트르 일리치 차이콥스키
Pyotr Ilyich Tchaikovsky
1840년 5월 7일, 러시아 봇킨스크 출생 - 1893년 11월 6일, 러시아 상트페테르부르크 사망

백조의 호수 Swan Lake, **호두까기 인형**The Nutcracker, **잠자는 숲속의 공주**Sleeping Beauty··· 모두 세계적으로 잘 알려진 고전 음악이다. 물론 작곡자인 표트르 일리치 차이콥스키도 세계적으로 잘 알려져 있다. 그런데 이 위대한 작곡가에 대해 덜 알려져 있는 사실이 있다. 평생 동안 그가 성 정체성 때문에 고민했다는 사실이다.

어려서부터 차이콥스키는 범상치 않은 인물이 될 조짐을 보였다. 다섯 살 때 피아노를 배우기 시작했고, 가족은 그가 공직으로 진출하기를 원했지만 피아노를 치기 시작한 다섯 살의 그날 이후로 그에게 진정한 열정의 대상은 언제나 음악이었다.

20대 초에 차이콥스키는 유명한 상트페테르부르크 음악원에 들어갔고 이어 모스크바로 가서 모스크바 음악원에서 화성학 교수가 되었다. 그 시기에 첫 교향곡을 작곡했고 다음 몇 해 동안 **피아노 협주곡 1번 B플랫 단조**를 포함해 세계 음악사에 족적을 남길 작품들을 내놓았다.

음악계에서 성공을 거듭하면서 그의 사생활에 대한 세간의 관심도 높아졌다. 당시 러시아에서 동성애는 불법이었고, 1877년에 성적 지향에 대한 루머를 잠재우기 위해 차이콥스키는 젊은 음악도 안토니나 밀류코바Antonina Milyukova와 결혼했다. 하지만 이 결혼은 재앙이었고 차이콥스키는 몇 주만에 아내를 떠났다.

이후 몇 년 동안 작품 활동에 전념해 계속해서 유명한 곡들을 써냈다. 하지만 경탄할 만한 재능과 지속적인 성공에도 불구하고 성별 정체성에 대한 스캔들과 루머는 삶의 마지막까지 그를 따라다녔다. 차이콥스키는 1893년에 콜레라로 사망했는데, 한 러시아 귀족 남성과의 관계를 당국에 들킨 뒤 자살한 것이라는 설을 제기하는 사람들도 있다.

비크람 세스 *Vikram Seth*
1952년 6월 20일, 인도 콜카타 출생

비크람 세스의 서사 소설 《적합한 소년*A Suitable Boy*》은 영국의 식민 통치에서 막 독립한 인도에서 펼쳐지는 정치와 사랑에 대한 이야기다.

십몇 권의 책을 내고 많은 상을 받았지만, 비크람은 인생의 상당 기간 동안 단지 게이라는 이유로 자신이 태어난 나라에서 정작 자신의 사랑은 합법적으로 밝힐 수 없었다. 1952년에 태어난 비크람은 인도와 런던에서 어린시절을 보냈고 미국으로 건너와 캘리포니아의 스탠포드 대학에서 공부했다. 1980년에 첫 시집을 출간했고 몇 년 뒤에 펴낸 여행서 《천국의 호수에서 *From Heaven Lake*》로 문단의 주목을 받았다. 시집과 여행기에 이어 소설을 쓰기 시작했고 1993년에 출간된 《적합한 소년》으로 이 시대 최고의 소설가 반열에 올랐다.

비크람은 문학계에서의 입지를 인도의 LGBTQ+들이 온전한 권리를 누릴 수 있도록 하는 데도 적극적으로 활용했다. 인도에서는 영국 식민 통치 시기에 만들어진 법에 의해 오랫동안 동성애가 불법이었다. 비크람은 2013년 《인디아 투데이》 1면에 **"범죄자가 아니다Not a Criminal!"**라고 쓰여 있는 작은 칠판을 들고 등장했다. 2018년 9월에 동성애를 범죄로 규정하던 법이 마침내 철폐되었고 인도 대법원은 섹슈얼리티에 기반한 차별이 이제 불법이라고 판결했다.

요탐 오토렝기

Yotam Ottolenghi
1968년 12월 14일, 이스라엘 예루살렘 출생

어렸을 때 요탐 오토렝기는 장차 요리사가 될 재목으로 보이지는 않았다. 요탐은 음식을 만드는 것보다 먹는 것을 더 좋아했다!

부모가 세계 각국 요리에서 아이디어를 얻은 음식을 다양하게 식탁에 올렸지만 요탐의 요리 열정에 딱히 불이 붙지는 않았다. 그는 이스라엘 군 첩보 부대에서 군 복무를 마치고 텔아비브 대학에 들어갔고 비교 문학으로 석사 학위를 받았다. 그러다가 저널리스트로 일하던 시절에 요리사로서의 감각이 깨어나기 시작했다.

요탐은 네덜란드를 거쳐 영국으로 건너와 르 코르동 블뢰 요리 수업을 들었고 여러 식당에서 일했다. 그 과정에서 매우 귀중한 인연들을 만나게 되었는데 그중 한 명이 사미 타미미Sami Tamimi다. 2002년에 두 사람은 델리 가게를 열었다. 그때 이래로 요탐은 빠르게 대중에게 주목을 받았고 그의 요리책이 곳곳에 진열되었으며 그의 식당은 꼭 가 봐야 할 런던의 명소가 되었다. 요탐과 그의 팀의 음식 철학은 단순하다. "사람들을 행복하게 해 주자."

요탐은 커밍아웃한 게이이며 2002년에 칼 앨런Karl Allen과 결혼했다. 두 사람은 아이를 갖기 위해 노력한 이야기를 공개적으로 사람들과 소통해 왔다. 그들이 가정을 꾸리기 시작할 수 있었던 것은 오로지 다른 이들의 솔직함 덕분에, 그리고 다른 이들의 이야기를 알게 되었던 덕분에 가능했음을 잘 알고 있었기 때문이다. 여러 시도에 실패한 뒤, 요탐과 칼은 대리모를 통해 가정을 꾸리는 데 성공했다. 현재 요탐과 칼은 아들 둘을 두고 있다.

요한나 시귀르다르도티르 *Jóhanna Sigurðardóttir*

1942년 10월 4일, 아이슬란드 레이캬비크 출생

"Minn tími mun koma!"

"Minn tími mun koma!"

아이슬란드의 최장수 의원, 첫 여성 총리, 거의 세계 최초의 커밍아웃한 국가 수반. 요한나 시귀르다르도티르가 이룩한 기다란 성취 목록 중 일부다.

요한나의 정치 인생은 로프트레이디르 아이슬란드 항공 Loftleiðir Icelandic Airlines 승무원 시절에 시작되었다. 요한나는 열정적인 노조 조직가로 활동했고 아이슬란드 승무원 노조Icelandic Cabin Crew Association를 이끌었다. 그러다가 1978년에 의원으로 선출되면서 정치 경력이 도약했고 사회 정의를 옹호하는 정치인으로 빠르게 이름을 알렸다. 이후 30년간 요한나는 지속적으로 파란을 일으켰으며 아이슬란드의 선도적인 정치인으로 입지를 굳혔다. 1994년에 당 대표에 나섰다가 패했지만 **"나의 시간은 올 것이다!**Minn tími mun koma"**라고 말했고, 정말로 그렇게 되어서 2009년에 아이슬란드 최초의 여성 총리가 되었다.

그보다 약 40년 전에 요한나는 결혼을 해서 아이 둘을 낳았다. 하지만 둘째 아들이 태어나고 몇 년 뒤에 두 사람의 결혼 생활은 끝났고 요한나는 커밍아웃을 했다. 요한나의 애인 요니나 레오스도티르Jónína Leósdóttir도 곧 남편과 이혼해 두 사람은 함께할 수 있게 되었다. 오랫동안 그들은 요한나의 정치 경력에 악영향을 미칠까 봐 사적인 삶을 외부에 알리지 않았다. 하지만 2000년에 함께 살기로 했고 2010년에 아이슬란드에서 동성 결혼이 합법화된 첫날 결혼했다.

정치 경력 내내 요한나는 수많은 페미니즘 관련 사안들에 주목했고 아이슬란드가 성 평등의 모델 국가가 되게 하는 데 기여했다. 또한 요한나는 게이·레즈비언 권리 옹호를 위해 노력하는 활동가이기도 하다. 2014년 토론토에서 열린 세계 프라이드 페스티벌에서 연사로 나선 요한나는, 수많은 사람들이 용기를 내어 LGBTQ+ 공동체를 위해 싸워 준 덕분에 자신과 요니나가 커밍아웃을 했을 무렵에 아이슬란드 사회에서 자신이 더 많이 받아들여질 수 있게 되었다며 그들에게 깊은 감사를 전했다.

마샤 P. 존슨 *Marsha P. Johnson* 과 실비아 리베라 *Sylvia Rivera*

1945년 8월 24일, 미국 뉴저지 출생 -
1992년 7월 6일, 미국 뉴욕 사망

1951년 7월 2일, 출생 -
2002년 2월 19일, 미국 뉴욕 사망

"신경쓰지마"

PINN·

자칭 "드랙 퀸"이던 마샤 P. 존슨은 1960 년대 초에 뉴욕으로 왔고 역시 스스로의 정체성을 드랙 퀸이자 트랜스젠더로 여기 던 실비아 리베라를 만났다.

두 사람 모두 자신이 있는 그대로 받아들여지지 않 고 주변에 잘 맞아 들어가지 못한다고 느끼며 힘겨 운 어린 시절을 보냈다.

마샤와 실비아의 젊은 시절이던 1960년대는 LGBTQ+ 사람들에게 쉬운 시기가 아니었다. 공공 장소에서 동성 간의 춤이 금지되었고 술집은 게이 에게 술을 판매하지 못했으며 자신의 성별에 부합 하는 옷을 세 장 이상 입고 있지 않고 있다가 걸리 면 체포되었다. 여기에서 "성별"은 태어났을 때 지정 된 성별을 말한다. 게이들이 춤을 추고 자신을 표현 할 수 있는 공간은 없다시피 했다. 그런데 스톤월 인 Stonewall Inn이 매우 드물게도 그럴 수 있는 곳이었 고, 다른 게이 바에서는 시스젠더cisgender 게이들에 게 종종 배척되고 배제되었던 드랙 퀸도 이곳에서 는 환영 받았다. 하지만 스톤월 인도 안전하지 않았 다. 이곳의 고객들은 수시로 경찰 권력의 남용과 괴 롭힘에 시달렸다.

1969년 6월 28일, 생일을 맞은 마샤는 친구들과 파티를 하러 스톤월 인에 갔다. 그런데 경찰이 무허 가 주류 판매를 적발한다는 명목으로 또다시 이곳 을 기습 단속했다. 많은 사람이 질질 끌려 나가 경 찰차에 실렸다. [이러한 단속은 숱하게 있었지만] 이날 LGBTQ+ 사람들은 경찰의 학대와 이등 시민 취급 을 참을 만큼 참고 당할 만큼 당했다고 생각했다. 그

● 마샤 P. 존슨의 미들 네임 이니셜 P는 신경쓰지 말라는 뜻의 Pay it no mind의 머리글자를 딴 핀PINN의 P이다. 옮긴이

래서 몇 분 사이에 봉기가 일어났다. 마샤와 실비아 둘 다 그날 밤의 항쟁에 참여해 불시 단속과 체포에 저항했고 몰려든 사람들에게 그들의 권리를 지지해 달라고 호소했다.

이날 밤 그들의 용기 있는 행동은 게이 해방 운동 으로, 그리고 1년 뒤인 1970년의 첫 "게이 프라이드 행진"으로 이어졌다. 그해에 마샤와 실비아는 트랜 스젠더 노숙인[과 비백인 게이, 드랙 퀸, 트랜스베스타 잇]을 돕는 **"거리 트랜스베스타잇 행동 혁명가들 Street Transvestite Action Revolutionaries, STAR"**을 설립했다.

게이·레즈비언 권리 운동 내부에서도 마샤와 실 비아는 시스젠더 백인 활동가들에게 차별을 받았 다. 1973년에 실비아가 ["크리스토퍼 거리 해방의 날 행진Christopher Street Liberation Day Rally"에서] 연설을 하 려 하자 한 백인 레즈비언이 [드랙 퀸] 실비아가 여 성성을 놀림감으로 만들고 있다고 비난하면서 실비 아를 저지하려 했다. 실비아는 야유를 보내는 사람 들 앞에 떳떳하게 서서, 자신이, 그리고 자신처럼 특 정한 성별에 속하지 못하는 사람들이자 유색인종인 사람들이 스톤월 인에서, 또 그 이후로도 계속해서 게이와 레즈비언 전체의 권리를 위해 싸웠으며, 이 곳에 모인 사람 모두가 그 싸움에 빚지고 있음을 명 확히 설명했다.

마샤와 실비아의 용기와 결기는 미래의 LGBTQ+ 사람들을 위해 장벽을 부수는 데 크게 기여했다. 마샤와 실비아는 두려워하지 않고 용기를 내어 LGBTQ+의 역사를 일구는 데서 자신의 몫을 다한 사람으로 늘 자랑스럽게 기억될 것이다.

데이비드 보위
DAVID BOWIE

1947년 1월 8일, 영국 브릭스톤 출생 - 2016년 1월 10일, 미국 맨해튼 사망

"나는 인스턴트 스타예요. 물 붓고 젓기만 하세요."

데이비드 로버트 존스David Robert Jones, 보위 Bowie, 지기 스타더스트Ziggy Stardust, 더 씬 화이트 듀크The Thin White Duke, 더 데임The Dame, 더 스타맨The Starman…. 카멜레온처럼 다채롭고 독창적인 팝 뮤지션 데이비드 보위 는 여러 이름, 여러 정체성, 여러 페르소나로 대중 앞에 나타났다. 외모도, 목소리도 계속 바뀌었다. 그래서 결코 배경 속으로 사라져 들어가지 않았다. 오늘날 그는 가장 다작을 한 싱어송라이터로 꼽히며 누구도 비할 수 없 을 만한 족적을 남겼다.

음악에 대한 보위의 사랑은 일찍 시작되었 고 열세 살 때는 색소폰에 마음을 빼앗겼다. 이후 몇 년 동안 공연에 대한 열정은 더 커져 서 가능한 곳이면 어디에서든지 연주했다. 그 러다 1969년에 싱글 "스페이스 오디티Space Oddity"가 일약 유명해지면서 대중의 주목을 처음으로 제대로 맛보게 되었고, 1972년에 그의 록 스타 페르소나인 지기 스타더스트를 세상에 선보이면서, 그리고 [지기 스타더스트 라는 가상 인물의 이야기를 그린 콘셉트의 앨범]

"더 라이즈 앤 폴 오브 지기 스타더스트 앤 더 스파이더스 프롬 마스The Rise And Fall Of Ziggy Stardust And The Spiders From Mars"를 발 매하면서, 세계적인 슈퍼스타 반열에 올랐다.

이때 이후로 보위는 대중의 눈에서 멀리 사 라진 적이 없다. 보위는 계속해서 자신을 재 발명했고 평론가와 팬 모두가 다음에는 보위 가 어디로 움직일지 궁금하게 만들었다. 음 악에 대해서만 궁금하게 만든 것이 아니었 다. 보위는 젠더와 섹슈얼리티의 경계도 계속 해서 실험하면서 어느 하나의 범주에 속하기 를 거부했고 팬들이 "성 역할"이라는 것을 비 판적으로 생각할 수 있도록 독려했다.

평생 보위는 게이, 양성애자, 심지어는 "클 로짓 이성애자" 등으로 스스로를 계속 바꾸 어 불렀다. 하지만 그의 성적 지향이 무엇이 든 보위는 많은 LGBTQ+ 사람들에게 아이콘 으로 남아 있다. 그의 작품은 세간의 젠더 고 정관념에 도전하면서 사람들이 성적 다양성 을 받아들일 수 있도록 문을 열어 주었다.

"내가 어디를 향해 가고 있는지는 나도 모르지만, 어쨌든 그게 지루한 길은 아닐 거라는 점만큼은 약속드리죠."

카샤
재클린
나바게세라

Kasha Jacqueline Nabagesera

1980년, 우간다 캄팔라 출생

카샤 재클린 나바게세라는 우간다 LGBTQ+ 운동의 얼굴이다. 카샤의 여정은 길고 힘겨운 전투의 길이었고 아직까지도 승리한 것과는 거리가 멀다.

젊은 동성애자들이 대개 그렇듯이 카샤도 자신의 감정을 열세 살 정도에 이해하기 시작했다. 소녀들에게 사랑의 편지를 쓰기 시작했고 성적 지향이 겉으로 더 명확하게 드러나면서 학교에서 정학을 당하고 심지어 쫓겨나기도 했다. 카샤의 나라 우간다에서는 동성애자로 사는 것이 불법이었고 감옥에 갈 수도 있는 범죄였다.

성인이 되어 은쿰바 대학에 입학한 카샤에게 대학 당국은 "적절한 여성의 복식"을 하겠다는 각서에 서명하고 날마다 그 서약을 지키고 있다는 사실을 대학 당국에 신고하라고 했다. 또 여성 기숙사 100미터 이내에 접근이 금지되었다. 대학 생활의 모든 일상에서 지속적으로 차별에 시달리면서도 카샤는 학위를 마쳤다. 그리고 2003년에 우간다의 레즈비언, 바이섹슈얼, 트랜스젠더를 위한 단체 **"우간다 프리덤 앤 로움(Freedom and Roam Uganda, FARUG)"**를 설립했는데, 대학 시절에 겪은 차별이 주요 동기가 되었다고 밝힌 바 있다.

슬프게도, 카샤는 협박과 괴롭힘에 익숙하리만큼 많이 시달려 왔다. 하지만 굽히지 않고 자신의 일을 밀고 나가고 있으며, 언젠가는 모두가 동등한 권리를 가질 수 있으리라는 희망에서 우간다 사람들에게 더 많은 정보를 알리고 사회의 인식을 제고하기 위해 노력하고 있다. 2011년에 카샤는 인권 수호를 위해 노력한 사람에게 수여하는 "마틴 에널스 인권상Martin Ennals Award for Human Rights Defenders"을 받았고 2년 뒤에는 "뉘른베르크 국제 인권상Nuremberg International Human Rights Award"을 받았다.

현재는 아프리카의 레즈비언, 게이, 바이섹슈얼, 트랜스젠더, 인터섹스 사람들의 목소리를 내기 위해 "쿠추 타임스Kuchu Times"라는 웹사이트와 《봄바스틱Bombatic》이라는 잡지를 운영하고 있다.

릴리 엘베 Lili Elbe

1882년 12월 28일, 덴마크 바일레 출생 –
1931년 9월 13일, 독일 드레스덴 사망

릴리 엘베는 트랜스젠더라는 개념 자체가 서구에서 완전히 생소하던 시절에 태어났다. 인생의 상당 부분을 남성으로 살았고 20대 초가 되어서야 진정한 정체성을 깨달을 수 있었다.

릴리는 십 대 시절에 코펜하겐으로 와서 왕립 덴마크 예술 학교 Royal Danish Academy of Fine Arts에서 미술을 공부했다. 이곳에서 여류 화가 게르다 고틀리브Gerda Gottlieb를 만났고 몇 년 뒤에 둘은 결혼했다. 릴리는 광활한 풍경을 담은 풍경화를 주로 그렸지만 게르다는 성공적인 패션 잡지 삽화가였고, 이는 릴리가 자신이 여성임을 깨닫는 계기로 이어진다. 하루는 게르다의 모델이 약속을 펑크 내서 게르다가 남편 릴리에게 여자 옷을 입고 모델을 좀 서 달라고 부탁했다. 그 이후로 릴리는 자주 여장을 하고 모델이 되어 주었으며 이 경험을 통해 여성으로서의 삶을 그려 보게 되었다.

부부는 나중에 파리로 이사하게 되는데, 파리에서 릴리는 외부에 자신을 "여성으로" 드러냈다. 몇 년 뒤에 릴리는 성별을 재지정할 수 있는 수술이 있다는 이야기를 듣게 되었고, 아주 초창기 단계의 의술이라서 생명이 위험할 수 있었는데도 수술을 받기로 했다. 릴리는 일기장에 의사들이 그의 몸에서 자궁 조직을 발견했다고 적었는데, 이는 릴리가 인터섹스[남성과 여성의 생식기를 모두 갖고 태어난 사람]였을 가능성도 시사한다. 첫 몇 차례의 수술을 마치고 릴리는 법적으로 여성이 되었고, 릴리와 게르다는 우호적으로 결혼 생활을 종결지었다.

릴리는 이제 마지막 수술만 남았다고 생각했지만 그 수술을 받고 합병증으로 숨지게 된다. 릴리의 삶과 릴리가 자아를 발견해 나간 여정은 여러 권의 책으로, 그리고 한 편의 영화로도 제작되었다. 최초의 "성 재지정 수술"을 받은 사람으로서, 릴리의 이야기는 많은 이들에게 큰 영향을 남겼다.

매튜 본 Matthew Bourne

1960년 1월 13일, 영국 런던 출생

새로운 것을 시도하기에 너무 늦은 때란 없다. 매튜 본이 그 증거다.

매튜는 세계적인 고전 발레를 독특하게 재해석하는 것으로 유명한 안무가다. 그런데 이 저명한 안무가는 20대가 되어서야 춤을 배우기 시작했다.

매튜는 학교를 별로 좋아하지 않았고 스무 살 때 런던의 [현대 무용 교육 기관] 라반 댄스 센터Laban Dance Center에 들어가고서야 진정으로 즐기면서 배울 수 있는 종류의 수업을 발견했다. 1985년에 졸업을 했고 그 이후로 댄스의 세계가 그의 세계 전체가 되었다.

매튜는 여러 댄스 컴퍼니에서 활동했고 수많은 뮤지컬의 안무를 했으며 그의 무대 작품이 영화로 번안되기도 했다. 2002년에 그는 **"뉴 어드벤처스New Adventures"**라는 회사를 공동으로 설립했고 곧 이곳은 영국에서 가장 성공적인 댄스 컴퍼니 중 하나가 된다.

가장 주목할 만한 그의 작품은 "백조의 호수"를 각색한 작품일 것이다. 백조와 흑조는 늘 여성 무용수가 맡아 왔지만 그는 전원 남성으로 구성된, 그리고 백조와 흑조의 공격적인 속성을 강조한 새로운 "백조의 호수"를 선보였다. 너무나 유명한 기존 작품을 너무나 파격적으로 각색한 이 작품은 몇몇 발레 애호가에게는 놀라움으로, 그리고 훨씬 더 많은 사람들에게는 충격으로 다가왔다. 이제 두 남성 무용수가 표현하는 관계가 발레의 중심에 있게 되었으므로, 공연 초창기에는 왕자와 백조가 춤추는 장면을 참고 보지 못하고 도중에 나가는 관객도 있었다고 한다. 다행히 열광적인 호평과 찬사가 부정적인 평을 압도했고 매튜는 토니상에서 연출상과 안무상을 받았다.

매튜 본인도 게이이며 18세 이래로 자신이 게이임을 늘 공개적으로 밝혀 왔다.

획기적인 예술 작품을 만들기 위한 노력 외에도, 매튜의 댄스 컴퍼니는 더 많은 사람에게 닿을 수 있기 위해, 또 영국 전역에서 다양하게 무용수를 선발하고 키우기 위해 계속 노력을 기울이고 있다.

앨빈 에일리

Alvin Ailey

1931년 1월 5일, 미국 텍사스 출생 -
1989년 12월 1일, 미국 뉴욕 사망

댄서, 안무가, 감독, 활동가인 앨빈 에일리는 현대 무용이라는 매개를 통해 세상에 영원히 잊히지 않을 족적을 남겼다.

텍사스에서 십 대인 어머니에게 태어난 앨빈은 인종 차별과 인종 분리의 시대에 늘 아웃사이더이더라고 느끼면서 자랐다. 1942년에 앨빈과 어머니는 LA로 이사했고 앨빈은 백인 학생이 주로 다니던 고등학교에 다니게 되었다. 그의 고립감은 떨쳐지지 않았고 그는 어머니에게 "학교가 나를 어떻게 해야 할지 모르는 것 같다"고 말했다. 그래서 앨빈의 가족은 흑인들이 주로 사는 동네로 이사했다.

점차 앨빈은 댄스의 세계를 발견했고 1949년에 매우 영향력 있는 현대 무용의 거두 레스터 호튼Lester Horton을 만나게 되었다. 호튼은 미국에서 최초의 인종 혼합적인 댄스 컴퍼니 중 하나를 설립한 사람이다. 앨빈은 호튼의 댄스 컴퍼니에서 연출까지 올라갔고, 1958년에는 **"앨빈 에일리 아메리칸 댄스 시어터**Alvin Ailey American Dance Theatre"라는 자신의 댄스 컴퍼니를 설립했다. 첫 무용수는 모두 흑인이었고, 점차 앨빈의 댄스 컴퍼니는 온전히 재능만 보고 뽑는 것으로 유명해지게 된다.

앨빈은 현대 무용의 걸작으로 불리며 세계적으로 찬사를 받은 작품을 다수 선보였다. "블루스 모음곡Blues Suite"은 그의 뿌리인 미국 남부에서 영감을 받았고, "계시Revelations"는 어린 시절에 접한 미국 흑인 음악을 결합한 작품이었으며, "절규Cry"에서는 흑인 여성의 투쟁을 탐험했고, "마세켈라 랭기지Masekela Language"는 남아프리카공화국에서 흑인으로 산다는 것의 의미를 고찰하고 있다. 이밖에도 그는 유명한 현대 무용 작품을 다수 남겼다.

1989년에 앨빈은 에이즈 관련 질병으로 숨졌다. 앨빈은 생애 내내 남성과 연애를 했지만 세계가 그를 그 자체로 받아들여 주지 않으리라는 두려움 때문에 늘 자신의 성적 지향을 드러내지 않으려 조심하며 살았다.

1930년 5월 22일, 미국 뉴욕 출생

하비 밀크
Harvey Milk

1978년 11월 27일, 미국 샌프란시스코 사망

MILK

"권리는 자신의 목소리를 내는 사람들에 의해서만 쟁취된다."

이것이 바로 하비 밀크의 삶이었다. 미국 뉴욕에서 리투아니아계 부모 슬하에 태어난 하비는 고등학교에 갈 무렵에 자신이 게이임을 알았다. 정계에 들어오기 전에 해군에서 복무했고, 교직, 주식 애널리스트, 브로드웨이 프로덕션 등 여러 일자리를 거쳤다. 그러다 1972년에 샌프란시스코로 와서 초창기 게이 커뮤니티였던 카스트로 거리에서 카메라 가게를 열었고, 이것이 앞으로 그가 남기게 될 커다란 족적의 시작이었다.

곧 하비의 가게는 카스트로 거리의 게이 공동체에서 중심지가 되었고 그는 리더의 역할을 하게 되었다. 일부 상인이 게이 남성 두 명이 이곳에 가게를 열지 못하게 막으려던 사건이 있고 나서 하비는 뜻을 같이 하는 기업인들을 모아 **"카스트로 빌리지 협회**Castro Village Association**"**를 결성했고 더 많은 고객이 카스트로 거리를 찾게 하기 위해 "카스트로 거리 박람회Castro Street Fair"를 개최했다.

점점 더 적극적으로 목소리를 내면서, 그리고 카스트로 거리의 LGBTQ+ 사람들 사이에서 신망도 높아지면서, 하비는 샌프란시스코 감독위원회[Board of Supervisors, 시의회와 비슷함] 위원직에 출마를 결심했다. 두 차례 패했지만 포기하지 않고 다시 도전해 1977년에 거의 미국 최초의 커밍아웃한 선출직 공직자가 되었다.

시 감독위원이 된 뒤 하비는 게이·레즈비언 권리 옹호에 적극적으로 나섰고, 일하는 어머니를 위한 어린이집을 열었으며, 더 안전한 동네를 만들기 위해 노력했고, 군 시설을 구매 가능한 가격대의 주거지로 전환했고, 그 밖에도 그가 중요하게 생각하는 대의를 위해 다양한 일을 했다. LGBTQ+ 공동체를 위한 활동도 이어 갔지만 그는 자신의 지위를 다양한 처지의 소수자를 모두 포함해 최대한 많은 사람을 돕는 일에 쓰고자 했고, 점차 그는 매우 인기 있는 정치인이자 지도자가 되었다.

하지만 선출직 정치인이 되고 1년도 채 되지 않아서 그의 삶은 끝나고 만다. 1978년 11월 27일에 하비는 샌프란시스코 시장 조지 모스코니George Moscone와 함께 시 청사에서 살해당했다. 경찰 간부 출신으로 하비와 함께 감독위원이었다가 얼마 전에 사임한 댄 화이트Dan White가 범인이었는데, 하비가 LGBTQ+들의 인권을 보장하는 조치들을 추진하는 것에 분노해 저지른, 동성애 혐오에서 비롯한 사건이었다. 댄 화이트는 변호인이 그가 우울증을 앓고 있었다고 성공적으로 변론해 준 덕분에 1급 살인이 아니라 더 약한 2급 고살manslaughter로 기소되었다.

하비는 숨졌지만 그가 남긴 자취는 그를 기억하는 지지자들과 그가 LGBTQ+ 공동체를 위해 한 모든 일에 감사하는 사람들에 의해 계속 살아 있다. 오늘날 그는 모두에게 평등한 기회가 보장되는 세상을 위해 헌신한, 희망과 용기를 주는 롤 모델로 기억되고 있다.

"모든 젊은이는 성적 지향이나 정체성과 무관하게 자신의 잠재력을 온전히 발휘할 수 있는, 안전하고 지지 받을 수 있는 환경을 누릴 권리가 있다."

빌렘 아론데우스
Willem Arondeus

빌렘 아론데우스는 1900년대 초에 암스테르담에서 일곱 아이 중 한 명으로 자랐다. **LGBTQ+인 사람들 대부분이 자신의 성적 지향을 비밀로 하는 것 외에는 선택의 여지가 없다고 생각하던 시절이었다.**

하지만 빌렘은 대부분의 사람들과 달랐다. 열일곱 살 때 그는 더 이상 숨지 않기로 결심하고 부모에게 자신이 게이임을 알렸다. 하지만 부모로서는 도저히 이 사실을 받아들일 수 없었고, 빌렘은 집에서 나와야 했다.

빌렘은 그림 그리기와 글쓰기를 늘 좋아했다. 부모는 아들의 동성애 성향은 이해하지 못했지만 창조적인 재능은 어려서부터 늘 독려해 주었다. 빌렘은 시청의 벽화 그리는 일을 의뢰받았고 이 일로 미술계에서 이름을 알리게 되었다. 몇 년 뒤에는 관심을 글쓰기로 돌

려서 여러 편의 시를 썼고 소설도 두 권 출간했다.

하지만 나치가 네덜란드를 침공하면서 모든 것이 달라졌다. 빌렘은 네덜란드 레지스탕스에 합류했고 예술적 재능을 십분 활용해서 네덜란드 유대인들에게 가짜 신분증을 만들어 주었다. 하지만 위조 서류가 유대인의 안전을 오래 지켜 줄 수는 없을 게 분명했다. 나치는 지역의 국가기록사무소를 통해 서류를 확인해 가짜 신분증을 적발했다. 그래서 빌렘과 동료 레지스탕스들(이 중에는 커밍아웃한 게이들도 있었다)은 국가기록사무소 건물을 공격하기로 했다.

공격은 성공했고 그들은 수천 건의 기록을 불태웠다. 하지만 승리는 길지 못했다. 곧 그들은 체포되었고, 빌렘이 모든 책임을 혼자 지려고 했지만 나치는 그를 포함해 체포한 사람 대부분을 처형했다. 처형당하기 전에 그는 다음과 같은 말을 남겼다.

"호모섹슈얼들은 겁쟁이가 아니다."

네르기스 마발발라 Nergis Mavalvala
1968년, 파키스탄 라호르 출생

네르기스 마발발라는 자신을 "아웃, 퀴어, 유색인종"이라고 묘사한다.

네르기스에게 "어떤 사회적 집단에서도 가장자리에 존재한다는 것"은 "규칙에 덜 제약될 수 있다는 점"에서 풍성한 이득을 의미한다. 파키스탄 출신의 미국 이민자이고, 유색인종 여성이며, 여성 물리학자이고, 커밍아웃한 LGBTQ+로서, 네르기스는 모든 이가 자신의 고유한 "다름"을 긍정할 수 있도록 독려하고자 한다.

네르기스의 부모는 네르기스가 학문에서 뛰어난 재능을 발휘하도록 북돋워 주었다. 십 대 시절에 미국으로 건너온 네르기스는 매사추세츠 주에 있는 웰슬리 대학에서 물리학과 천문학을 공부했고 MIT에서 박사 학위를 받았다. 네르기스는 동료 연구자들에게도, 교수들에게도 높은 평가를 받으면서 두각을 나타냈고, 이어 동료 물리학자들과 함께 여러 가지 복잡하고 어려운 프로젝트들을 진행했다. 각고의

노력으로 천체물리학 분야에서 성공해 나가면서 2010년에 맥아더 상을 받았고, ["레이저 간섭계 중력파 관측소" 연구팀과 함께] 아인슈타인이 처음 존재를 예측한 바 있는 중력파를 최초로 직접 관측하는 데 성공하기도 했다.

네르기스는 성공한 물리학자로서의 입지를 과학계에서 커밍아웃한 퀴어로 살아가는 사람들을 돕는 일에도 적극 활용하고 있다. 2012년에 네르기스는 [LGBTQ+ 과학 기술자 모임] "아웃 투 이노베이트 서밋Out to innovate Summit"에서 기조 연설을 했고 2014년에는 "전국 게이·레즈비언 과학 기술자회National Organization of Gay and Lesbian Scientists and Technical Professionals"가 수여하는 올해의 LGBTQ 과학자 상을 받았다.

"누구든, 여성이든 종교적 소수자이든 게이이든 상관없이 성공할 수 있어야 한다. 그런 것은 성공과 상관이 없기 때문이다."

루퍼스 웨인라이트
Rufus Wainwright

1973년 7월 22일, 미국 뉴욕 출생

루퍼스 웨인라이트에게 음악은 언제나 삶의 일부였다.

양친 모두 뮤지션이었던 루퍼스는 여섯 살 때부터 피아노를 배웠고 열세 살 때 어머니, 이모, 누이와 그룹 "맥개리글 자매와 식구들McGarrigle Sisters and Family"의 일원으로 첫 공연을 했다. 또 십 대 시절에 지은 곡 "아임 어 러닝I'm-a-Running"으로 "캐나다 영화 텔레비전 아카데미 Academy of Canadian Cinema and Television"와 "캐나다 레코딩 아트 앤 사이언스 아카데미Academy of Recording Arts and Sciences"에서 젊은 예술인상 후보에 올랐다.

청소년기에 루퍼스는 자신이 여성보다는 다른 남성들에게 끌린다는 것을 알게 되었다. 루퍼스는 어머니와 매우 가까웠고 거의 모든 것을 이야기 했지만, 그렇게 가까운 어머니에게도 남성에게 향하는 자신의 감정은 터 놓고 말하지 못했다. 열여덟 살 때 마침내 부모에게 이야기했을 때 부모의 반응은 "경악"이었다. 이때는 1990년대 초였고, 그 당시에 "게이 질병"이라고 알려져 있던 에이즈에 대한 편견 때문에 에이즈 치료제가 잘 개발되어 있지 않았으며 구하기도 어려웠다. 루퍼스의 부모 생각에 게이가 된다는 것은 사형 선고를 받는 것이나 다름없었다.

한편, 그리 오래지 않아 음악계에서 루퍼스의 경력이 도약했고, 명성에 종종 수반되곤 하는 생활, 즉 극히 화려한 조명을 받으며 매우 빠른 속도로 내달리는 생활이 그를 집어삼켰다. 이러한 삶의 방식을 오래 버티지 못한 그는 술과 약물에 빠지게 되었고 중독에서 벗어나기까지 재활 시설에서 고통스러운 과정을 거쳐야 했다.

삶에서 고투를 벌이면서도 루퍼스는 위대한 싱어송라이터로서의 명성을 계속 쌓아 갔다. 수많은 상을 받았고 여러 개의 앨범이 평단에서 높은 평가를 받았으며 "물랭 루즈Moulin Rouge", "슈렉Shrek", "브로크백 마운틴 Brokeback Mountain" 등 상을 받은 유명 영화의 영화 음악도 만들었다.

루퍼스는 요른 웨이스브로트Jörn Weisbrodt와 [동성 결혼이 합법화된 뉴욕에서 2012년에] 결혼했으며, 2011년에는 친구인 여성 로카 코언Lorca Cohen의 도움으로 딸 비바Viva●를 가족으로 맞이했다.

● 비바는 생물학적으로는 로카와 루퍼스의 아이다. 옮긴이

마를렌 디트리히 Marlene Dietrich

1901년 12월 27일, 독일 베를린 출생 –
1992년 5월 6일, 프랑스 파리 사망

마를렌 디트리히와 동의어가 있다면 "글래머"[멋짐]일 것이다.

마를렌은 1920년대 초에 연기를 시작했고 거의 비슷한 시기에 [캐스팅 감독] 루돌프 지버Rudolf Sieber와 결혼했다. 둘은 슬하에 딸을 한 명 두었지만 1929년부터는 별거에 들어가게 된다[수십 년 뒤 지버가 사망할 때까지 이혼은 하지 않았다].

1930년대 무렵이면 마를렌은 미국에서 활동하고 있었다. 나치당이 독일로 돌아오라고 요청했지만 마를렌은 거절했고, 그 때문에 조국에서 배반자로 낙인 찍혔다. 그래도 마를렌은 계속해서 나치에 맞서 연합군을 지원했고 2차 대전 중에 연합군 위문 공연을 하기도 했다. 또 독일어로 반反나치 방송 메시지를 녹음하고 전쟁 자금 모금 운동도 벌였다.

영화 업계에서의 마를렌의 경력은 모든 이의 눈에 띄는 화려한 경력이었지만 마를렌의 사적인 생활은 그리 가시적이지 않았다. 마를렌이 남성 여성 모두와 몇 차례 연애를 했다는 설이 있고, 이것은 꼭 비밀은 아니었지만 공개적으로 이야기되지도 않았다. 마를렌에게 쏟아진 초점은 할리우드 스타덤이 늘 우선이었지만 성 정체성에 대한 루머도 계속 돌았다. 세상이 자신에 대해 무엇을 알고 있든 간에, 마를렌은 자신이 누구인지에 대해, 또 자신이 어떠한 삶의 방식을 선택했는지에 대해 용서를 구하거나 변명해야 한다고 생각하지 않았다. 오늘날 마를렌은 하루하루를 온전하고 풍성하게 살아간 "글래머러스"한 [멋진] 할리우드 아이콘이다.

"사랑하는 기쁨을 위한 사랑, 다른 사람의 마음이 내어주는 것을 취하기 위한 것이 아닌 사랑."

47

래리 크레이머
Larry Kramer

1935년 6월 25일, 미국 브리지포트 출생

ACT UP
ACT UP
ACT UP
ACT UP
ACT UP
ACT UP
ACT UP
ACT UP
ACT UP

래리 크레이머는 미국에서 에이즈 위기가 정점이었을 때 에이즈 환자의 더 나은 치료와 대우를 위해 맹렬히 투쟁한 게이 권리 운동가로 잘 알려져 있다. 수천 킬로미터 건너의 프랑스에서는 디디에 레스트라드가 [에이즈 환자에 대한 편견을 불식하고 치료제 개발을 촉진하기 위해] 맹렬히 활동하면서 프랑스 에이즈 환자 권익 운동의 아버지가 되었다.

두 사람의 삶은 많은 면에서 서로 닮았다. 둘 다 게이의 인권을 지키고 HIV 환자들이 적절한 의료적 지원을 제공받을 수 있게 하려는 싸움에 헌신했다. 1935년생인 래리 크레이머는 원래 영화 각본가로 이름을 날렸다. 하지만

1980년대 초에 그 일을 그만두고 에이즈와 싸울 수 있는 방법을 마련하기 위해 의사, 보건 당국자, 환자가 모인 단체 **"게이 남성의 건강 위기(Gay Men's Health Crisis, GMHC)"**의 결성과 운영에 전념하기로 했다. 하지만 래리는 이곳의 활동이 너무 소극적이고 미온적인 쪽으로 치우친다고 생각해 결국 그곳에서 나오게 된다.

미국에서 에이즈 위기는 1980년대 초에 처음으로 언론에 대대적으로 보도되었는데, 주로 게이 남성이 걸리는 병이라고 여겨졌고 정부와 의료계의 편견 때문에 치료제 개발에 자금이 제대로 지원되지 못했다. 래리 크레이머는 행동이 없는 것에 분노했고 1987년에 **"액트 업ACT UP"**을 창립했다. **"권력을 풀어놓기 위한 에이즈 연대**The AIDS Coalition to Unleash Power**"**의 줄임말이다.

디디에 레스트라드 Didier Lestrade

1958년 2월 22일, 알제리 메디아 출생

"액트 업"은 제기하고자 하는 이슈에 사람들의 관심을 모으기 위해 강렬하고 도전적인 시위 기법을 다양하게 사용했다. 아무런 치료도 받지 못하고 숨진 사람들을 위한 공개 장례를 치렀고, 피로 범벅이 된 연구실 가운을 입고 식품의약국 본부에 쳐들어갔으며, 거리에 커다란 묘비를 세우기도 했다. 이들의 행동주의는 미국 정부가 HIV에 대한 신약 개발에 속도를 내고 HIV 감염 환자들이 합당한 의료적 관심을 받게 하는 데 크게 기여했다고 평가받는다. 그리고 1988년에 크레이머는 본인의 HIV 감염 사실을 알게 된다.

디디에 레스트라드는 잡지에 관심이 많아 20대 초반에 《매거진Magazine》이라는 잡지를 창간하기도 했지만, 1986년에 HIV 감염 사실을 알게 되고서 에이즈 위기를 극복하는 일에 모든 시간과 에너지를 쏟기로 했다.

미국 전역에서 시위와 활동이 굽힘 없이 벌어지고 있는 것을 본 디디에는 동료들과 함께 1989년에 "액트 업 파리"를 설립했다. 미국 "액트 업" 활동가들처럼 프랑스의 "액트 업" 활동가들도 파리의 도로를 점령해 가며 HIV 감염자들이 더 나은 의료 서비스를 받을 수 있게 하기 위한 싸움을 벌였다.

미국과 프랑스에서 "액트 업"이 세워지고 성공적인 활동을 일구기까지, 그리고 지금까지도 계속, 래리와 디디에는 게이 권리 운동과 에이즈 환자 권익 보호 운동에 전념해 오고 있다.●

● 래리 크레이머는 이 책의 원서가 출간된 이후인 2020년 5월에 사망했다. 옮긴이

요시야 노부코

Yoshiya Nobuko, 吉屋信子

1896년 1월 12일, 일본 니가타 출생 – 1973년 7월 11일, 일본 가마쿠라 사망

1896년에 일본 니가타에서 태어난 요시야 노부코는 다섯 자녀 중 유일한 딸이었다.

자라면서 노부코는 젊은 여성을 완벽한 현모양처로 키워 내는 데 초점을 둔 보수주의적인 교육을 받았다. 하지만 현모양처의 삶은 노부코가 상상한 자신의 미래가 아니었다. 1915년에 노부코는 도쿄로 갔고 그곳에서 생각이 비슷한 다른 여성들을 만날 수 있었다. 남성이 정해 놓은 삶을 살기를 거부한 여성들이었다.

노부코는 짧은 컷의 신식 머리를 하고 남성의 옷을 입었으며 소녀들 사이의 깊은 감정적 관계를 다룬 《꽃 이야기花物語》를 내놓으면서 작가의 길을 가기 시작했다. 곧 문단의 주목을 받게 되었고 점점 더 인기가 높아졌다. 노부코는 계속해서 소녀들 사이의 강렬한 관계와 열망에 초점을 맞춘 작품을 썼으며 많은 이들이 《다락방의 두 처녀屋根裏の二女》를 백합물*의 시초로 본다.

1923년에 노부코는 미래의 파트너가 되는 수학 교사 몬마 치요(Monma Chiyo, 門馬千代)를 만났다. 곧 두 사람은 뗄 수 없는 관계가 되었고 떨어져 있을 때면 사랑의 편지를 썼다. 만난 지 1년 뒤에 그들은 함께 살기로 했고 둘의 관계는 거의 50년 동안 이어졌다. 동성 결혼이 불법이었기 때문에 여성 두 명이 부동산을 합법적으로 함께 소유하고 서로에 대해 의료적 의사 결정을 내려 줄 수 있는 유일한 방법은 노부코가 몬마를 딸로 입양하는 것이었다. 이들은 자신들의 동거 관계를 숨기려 하지 않았고 공개적으로 레즈비언임을 밝혔다.

노부코의 작품 중 다수가 소녀들, 여성들 사이의 강한 끌림에 초점을 두고 있으며 등장인물들은 그들의 사랑과 관계를 무엇보다 우선하는 가치로 여긴다. 생애 내내 노부코는 자신에게 기대되는 성 역할을 무시했다. 노부코는 [당시에 여성으로서는 드물게] 자동차를 소유했고 경주용 말도 소유했으며 자신의 집을 직접 지었고 당대에 일본에서 가장 돈을 잘 버는 작가였다. 노부코의 작품은 정신의 지평을 넓혀 주었다. 오늘날 노부코는 성 역할이 정해져 있다는 개념을 인정하지 않고 자신의 삶을 남들이 정해 준 규칙대로 살기를 거부한 사람으로, 또 일본의 가장 사랑받는 예술가 중 한 명으로 기억되고 있다.

● 레즈비언 사이의 관계를 다룬 소녀 소설. 지은이

베이어드 러스틴
Bayard Rustin

1912년 3월 17일, 미국 펜실베이니아 출생 – 1987년 8월 24일, 미국 뉴욕 사망

게이였기 때문에 역사책에서는 거의 언급되지 않았지만, 베이어드 러스틴은 20세기의 가장 중요한 민권운동가 중 한 명이다.

펜실베이니아에서 태어난 베이어드는 1937년에 뉴욕으로 건너와 뉴욕 시립대학에 진학했다. 러스틴은 조부모로부터 배운 퀘이커 교도의 평화주의와 마하트마 간디Mahatma Gandhi의 비폭력 저항운동에서 영향을 받은 비폭력 평화주의자였다. 그는 인종 차별에 맞서 싸웠고 커밍아웃한 게이였으며 자신의 신념과 가치관 때문에 수차례나 체포되었다.

1950년대에 베이어드는 마틴 루터 킹 주니어Martin Luther King Jr.를 만났고 그의 가장 가까운 조언자 중 한 명이 되었다. 비폭력 저항의 가치를 굳게 믿고 있었던 베이어드는 간디 방식의 비폭력 저항 기법을 킹에게 알려 주었고 1956년에 킹을 도와 [인종 간 좌석 분리에 저항한] 몽고메리 버스 보이콧 운동을 지원했다.

하지만 뭐니뭐니해도 베이어드의 가장 큰 업적은 1963년에 "일자리와 자유를 위한 워싱턴 행진March on Washington for Jobs and Freedom"의 핵심 조직가로 활동한 일일 것이다. 이 행진은 미국의 가장 중요한 비폭력 저항 운동 사례로, 마틴 루터 킹이 "나에게는 꿈이 있습니다" 연설을 한 곳이 바로 여기다. 이날 20만 명 이상이 거리 가득 운집해 인종 분리 철폐와 고용 시장에서 흑인에 대한 공정한 대우를 요구했다.

베이어드는 공개적으로 게이 남성으로서 살고자 했다는 이유만으로 폭행과 위협에 노출되었고 여러 차례 수감되었다. 그의 섹슈얼리티는 그의 삶에서 내내 그에게 어려움을 야기했다. 마틴 루터 킹마저 다른 조언자들의 말을 듣고 베이어드와 거리를 두었다. 베이어드가 사망하고 25년이 지난 뒤에야 버락 오바마 대통령이 민권운동에 불굴의 의지로 헌신한 공로를 기려 베이어드에게 **대통령 자유 훈장**을 추서했다.

클레어
하비 Claire Harvey

1974년 2월 19일, 영국 채텀 출생

클레어 하비는 스포츠계에서 자신이 가진 입지를 삶의 모든 영역에서 다양성과 포용성을 옹호하는 데 사용해 왔다.

클레어는 열네 살 무렵 럭비에 관심을 갖게 되었고 "사라센"과 "워털루"에서 스크럼 하프 포지션으로 뛰었다[대학에서는 범죄 심리학을 전공했고 남성 수감동을 관리하는 교정 공무원으로 일했다]. 하지만 2008년에 사고로 한쪽 다리를 쓸 수 없게 되면서 미래를 다시 가늠해야만 하게 되었다. 차차로 클레어는 자신의 장애와 그것이 부과한 제약을 인정하고 받아들이게 되었고, 받아들이고 나니 자신의 앞에 새로운 목표와 기회가 있다는 것도 알게 되었다.

클레어는 좌식 배구를 시작했고 맹훈련과 불굴의 의지로 영국 여성 좌식 배구팀 주장이 되었으며 2012년에 런던 장애인 올림픽에 출전했다. 몇 년 뒤에는 좌식 포환 던지기와 창 던지기 등 다른 종목에도 도전했다. 2016년 리우 장애인 올림픽을 목표로 맹렬히 노력해 국가 대표가 되었지만 안타깝게도 손 부상 때문에 출전하지 못했다.

커밍아웃한 레즈비언인 클레어는 LGBTQ+의 권리를 옹호하기 위해 적극적으로 목소리를 내 왔다. 스포츠계의 호모포비아에 맞서 싸우는 단체 "단지 공 놀이라고?Just a Ball Game?"를 후원하고 있으며 많은 이들에게 긍정적인 롤 모델로 여겨지고 있다. 또한 2017년부터는 LGBTQ+ 젊은이들에게 더 나은 미래가 열릴 수 있도록 노력하는 단체 **"다양성 롤 모델Diversity Role Models"**에도 참여하고 있다.

빌리 진 킹 Billie Jean King 1943년 11월 22일, 미국 캘리포니아 출생

빌리 진 킹은 여성 프로 테니스에 세간의 관심을 집중시켰고, 자신이 믿는 바를 위해 싸웠으며, 침묵을 강요하는 어떠한 압력에도 입 다물기를 거부했다.

빌리 진은 어렸을 때 테니스 라켓을 처음 잡은 순간 테니스가 자신의 길임을 직감했다. 1959년에 프로 선수가 되었고 1961년에 윔블던 여성 복식 최연소 우승자가 되었으며 이후로도 승승장구하면서 점점 더 유명해졌다.

하지만 아무리 열심히 훈련을 하고 성공적인 결과를 거두어도 테니스 업계에서 여성 선수는 남성 선수와 동등한 대우를 받지 못한다는 것을 깨달았다. 선수로서 활동한 기간 내내 빌리 진은 여성 선수도 남성 선수와 동등한 상금을 받아야 한다고 요구했으며, 이 노력은 결실을 맺어서 메이저 대회 중 US오픈이 처음으로 남녀 선수의 상금을 동등하게 조정했고 다른 대회들도 뒤를 이었다.

빌리 진은 바비 릭스Bobby Riggs와 벌인 [남녀 간 테니스 대결] **"세기의 대결The Battle of Sexes"**로도 유명하다. 릭스는 자신이 어떤 여성 프로 선수도 쉽게 이길 수 있다고 장담했는데, 1973년 9월 20일에 모든 여성을 위해 경기에 나선 빌리 진이 바비 릭스를 세트 스코어 3 대 0으로 가볍게 물리치면서 릭스의 성차별적 발언을 납작하게 눌러 버렸다. 빌리 진은 대부분의 기간 동안 자신의 성적 지향을 비밀로 두고자 했다. 하지만 전 애인인 매릴린 바넷Marilyn Barnett이 소송을 걸면서 레즈비언임이 밝혀졌다. 그 결과 빌리 진은 많은 후원을 잃었지만 굴하지 않고 테니스 선수로서 계속해서 놀라운 성과를 이뤄냈다. 현재는 마침내 찾아낸 영원한 사랑이자 전직 여성 프로 테니스 선수 일라나 클로스Illana Kloss와 함께하고 있다. 빌리 진은 게이·레즈비언 권리 옹호 활동을 적극적으로 펼치고 있으며 여성과 LGBTQ+의 권리를 위해 노력한 공로로 2009년에 **대통령 자유 훈장**을 받았다.

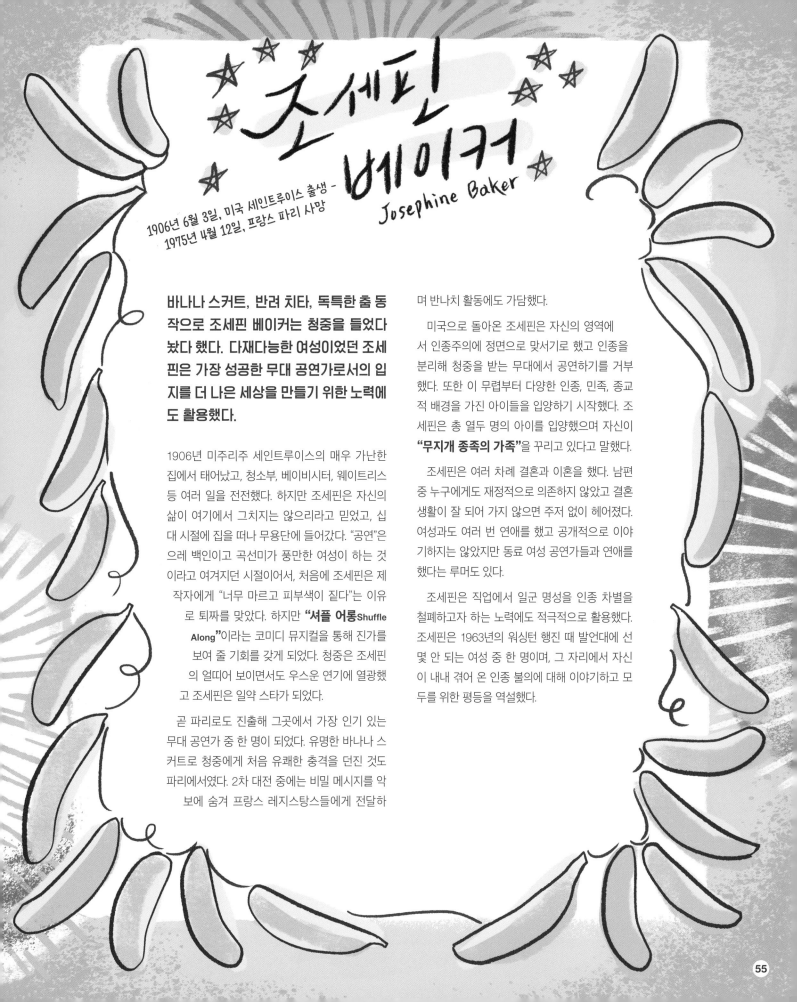

조세핀 베이커
Josephine Baker

1906년 6월 3일, 미국 세인트루이스 출생 -
1975년 4월 12일, 프랑스 파리 사망

바나나 스커트, 반려 치타, 독특한 춤 동작으로 조세핀 베이커는 청중을 들었다 놨다 했다. 다재다능한 여성이었던 조세핀은 가장 성공한 무대 공연가로서의 입지를 더 나은 세상을 만들기 위한 노력에도 활용했다.

1906년 미주리주 세인트루이스의 매우 가난한 집에서 태어났고, 청소부, 베이비시터, 웨이트리스 등 여러 일을 전전했다. 하지만 조세핀은 자신의 삶이 여기에서 그치지는 않으리라고 믿었고, 십대 시절에 집을 떠나 무용단에 들어갔다. "공연"은 으레 백인이고 곡선미가 풍만한 여성이 하는 것이라고 여겨지던 시절이어서, 처음에 조세핀은 제작자에게 "너무 마르고 피부색이 짙다"는 이유로 퇴짜를 맞았다. 하지만 **"셔플 어롱Shuffle Along"**이라는 코미디 뮤지컬을 통해 진가를 보여 줄 기회를 갖게 되었다. 청중은 조세핀의 얼띠어 보이면서도 우스운 연기에 열광했고 조세핀은 일약 스타가 되었다.

곧 파리로도 진출해 그곳에서 가장 인기 있는 무대 공연가 중 한 명이 되었다. 유명한 바나나 스커트로 청중에게 처음 유쾌한 충격을 던진 것도 파리에서였다. 2차 대전 중에는 비밀 메시지를 악보에 숨겨 프랑스 레지스탕스들에게 전달하며 반나치 활동에도 가담했다.

미국으로 돌아온 조세핀은 자신의 영역에서 인종주의에 정면으로 맞서기로 했고 인종을 분리해 청중을 받는 무대에서 공연하기를 거부했다. 또한 이 무렵부터 다양한 인종, 민족, 종교적 배경을 가진 아이들을 입양하기 시작했다. 조세핀은 총 열두 명의 아이를 입양했으며 자신이 **"무지개 종족의 가족"**을 꾸리고 있다고 말했다.

조세핀은 여러 차례 결혼과 이혼을 했다. 남편 중 누구에게도 재정적으로 의존하지 않았고 결혼 생활이 잘 되어 가지 않으면 주저 없이 헤어졌다. 여성과도 여러 번 연애를 했고 공개적으로 이야기하지는 않았지만 동료 여성 공연가들과 연애를 했다는 루머도 있다.

조세핀은 직업에서 일군 명성을 인종 차별을 철폐하고자 하는 노력에도 적극적으로 활용했다. 조세핀은 1963년의 워싱턴 행진 때 발언대에 선 몇 안 되는 여성 중 한 명이며, 그 자리에서 자신이 내내 겪어 온 인종 불의에 대해 이야기하고 모두를 위한 평등을 역설했다.

1961년 11월 2일, 캐나다 에드먼턴 출생

K. D. 랭

K. D. Lang

캐나다 출신 컨트리 뮤지션 K. D. 랭(본명은 캐서린 돈 랭Kathryn Dawn Lang이다)은 음악으로 가득한 어린 시절을 보냈다. 어머니는 한 시간도 넘는 거리를 운전해서 랭을 피아노 선생님에게 데려다주었다.

음악이 자신의 미래라고 확신한 랭은 레드디어 칼리지를 졸업하고 밴드 "더 레클라인스The Reclines"를 결성했다. 1984년까지 두 장의 앨범을 냈고 이듬해에 [캐나다의 음악상] 주노 어워드에서 "가장 촉망되는 여성 보컬"로 선정되었다.

미국 음악계에서 솔로로 활동하기로 결심한 랭은 "더 레클라인스"에서 나와 한 음반 회사와 계약했다. 이후 몇 년 동안 랭은 계속해서 곡을 쓰고 녹음하고 음악을 선보이면서, 팬과 평단 모두에게 깊은 인상을 주었다. 미국 컨트리 뮤직의 세계가 랭을 받아들이기까지는 다소 오래 걸렸지만, 로이 오비슨Roy Orbison과 부른 듀엣 **"크라잉Crying"**으로 컨트리 뮤직 스타가 되었다. 이 곡으로 랭은 첫 **그래미 상Grammy Award**을 받았고 이후로 무려 열다섯

번이나 그래미 상 후보에 오르고 세 번 상을 받는다.

랭은 자신이 레즈비언이라는 사실을 꽤 일찍 알았다. 열일곱 살 무렵, 랭이 좋아하던 소녀가 남학생과 사랑에 빠지는 것을 보고 랭은 어머니에게 자신이 레즈비언이라고 말했다. 어머니는 처음에 충격을 받았지만 랭을 지지해 주었고, 1992년에 랭은 《애드보킷》과의 인터뷰에서 커밍아웃했다. LGBTQ+ 사람들이 자신의 의사에 반해 "아웃팅" 당하는 일이 흔하던 시절에, 랭은 자신의 이야기를 스스로 세상에 알리고 그것이 불러올 모든 질문에 답하기로 했다. 랭의 음반 회사는 커밍아웃 인터뷰가 랭의 음악 경력에 악영향을 미칠까 봐 걱정했지만, 랭은 자신의 커밍아웃이 LGBTQ+ 사람들에 대한 책임이라고 느꼈다.

랭은 성공적인 뮤지션의 경력을 이어 가는 한편으로, 에이즈에 대한 인식을 제고하고 더 많은 에이즈 연구를 촉진하며 LGBTQ+ 관련 사안들에 사회적 관심을 높이기 위해 노력하고 있다. 또 그는 동물권 보호 활동가이기도 하다.

크리스틴 스튜어트 Kristen Stewart

1990년 4월 9일, 미국 LA 출생

꼬리표 붙이기에 강박적으로 집착하는 세계에서, 크리스틴 스튜어트는 배우로 살아온 시간의 상당 기간을 성별 정체성을 묻는 질문을 무수히 받으면서, 또 자신이 어느 칸에 속하는지 말하라는 압박에 점점 더 심하게 시달리면서 보냈다.

부모 모두 영화 업계에 종사했던 크리스틴은 어렸을 때 몇몇 영화에 등장했고, 영화 "트와일라잇Twilight" 시리즈에서 벨라 스완 역할로 스타덤에 올랐다. 이 영화로 크리스틴은 언론의 집중 조명을 받는 대상이 되었고 모든 말과 행동이 미디어에 노출되었다.

"트와일라잇" 이후에도 크리스틴은 평단에서 높은 평가를 받은 영화들에 출연했고 **"클라우즈 오브 실즈 마리아**Clouds of Sils Maria**"**로 **세자르 영화상**Cesar Award **여우조연상**도 받았다. 하지만 배우로서 얼마나 뛰어났든지 간에 미디어는 크리스틴의 사생활에 집착했다. 크리스틴은 배우로서 인정 받고 싶지 사생활로 유명해지고 싶지는 않았고, 섹슈얼리티를 집요하게 묻는 언론이 힘겨웠다.

크리스틴은 배우로서 경력을 이어 가는 동안 남성 여성 모두와 데이트를 했고 친밀한 사적 관계에 대해 그 속성을 밝히라는 요구를 계속해서 받았다. 크리스틴은 사적 관계에 공개적으로 꼬리표를 붙이라는 요구가 주는 막대한 압력과 부담의 힘겨움을 여러 차례 호소했다. 크리스틴은 자신이 바이섹슈얼이라고 밝혔지만 섹슈얼리티는 유동적인 것이라고 믿는다고도 말했다.

유명 배우로서의 가시적인 지위 덕분에 크리스틴은 LGBTQ+ 사이에서 상징적인 인물이 되었다. 자신이 겪고 느끼는 감정에 대해 꼬리표를 붙이라는 압박으로 힘겨워하는 많은 이들이 저명한 상을 받은 유명 배우의 인생 이야기에서 힘을 얻고 있다.

재즈 제닝스 *Jazz Jennings*

2000년 10월 6일,
미국 플로리다 출생

재즈 제닝스는 아주 어렸을 때부터 태어났을 때 지정받은 성별[남성]로 살아간다면 행복하지 않으리라는 것을 알았다.

말을 할 수 있는 나이가 되자마자 재즈는 엄마에게 누나처럼 옷을 입고 싶다고 했다. 세 살 때 재즈는 가족과 함께 소아정신과 상담을 받는데, 혼란스러운 감정에 대해 의사가 해 준 한마디에 믿을 수 없을 만큼 마음이 놓였다. "트랜스젠더"라는 말이었다. 그 순간 이후로 재즈는 여자아이로, 여성으로 살았고 자신의 고투, 성공, 굴곡, 부침을 세상과 소통했다.

2015년부터는 "나는 재즈I am Jazz"라는 쇼를 통해 자신의 삶과 성전환에 대한 이야기를 세상에 내놓고 있다. 부모의 흔들림 없는 지지에 힘입어 재즈는 강하고 독립적인 젊은 여성이 되었고 트랜스젠더 아동

과 청소년에게 롤 모델이자 그들을 대변하는 목소리가 되었다.

재즈는 가족과 함께 트랜스젠더 아이들을 돕는 **"트랜스키즈 퍼플 레인보우 재단**Transkids Purple Rainbow Foundation**"**을 설립했고, 두 권의 책 《**나는 재즈***I Am Jazz*》와 《**재즈로 살아가기: (트랜스젠더) 십 대로서의 나의 삶***Being Jazz: My Life As a (Transgender) Teen*》을 펴냈으며, 성 중립적인 화장실을 위해 지속적으로 싸워 왔고, 미국축구연맹 US Soccer Federation이 모든 연령대에서 트랜스젠더 선수에 대해 포용적인 정책을 만들게 하는 데 일조했으며, 2014년과 2015년에 《타임》이 선정한 **"가장 영향력 있는 십 대 청소년"** 목록에 이름을 올렸다.

재즈는 자신의 사회적 입지를 트랜스젠더 관련 사안에 대해 사회의 인식을 제고하는 데 사용해 왔으며, 자신의 이야기를 알리는 것이 트랜스젠더 청소년들에게 도움이 되기를 바라고 있다.

엘리오 디 뤼포
Elio Di Rupo

1951년 7월 18일, 벨기에 모를랑웨 출생

트레이드 마크인 붉은 나비 넥타이를 매고, 남들이 그가 가려는 길을 꺾게 두기를 거부하면서, 엘리오 디 뤼포는 최초의 커밍아웃한 게이 벨기에 총리가 되었다. 하지만 삶의 시작은 권력이나 특권과 아주 거리가 멀었다.

그는 일자리를 찾아 벨기에로 온 이탈리아 이민자 집안에서 1951년에 태어났다. 엘리오가 한 살 때 자동차 사고로 아버지가 숨졌고 어머니는 일곱 아이를 도저히 키울 길이 없어 셋을 고아원에 보냈다. 엘리오는 공부를 열심히 했고, 과학을 좋아해서 정치에 뛰어들기 전에 화학으로 박사 학위까지 받았다.

1996년에 엘리오는 미성년자인 소년과 관계를 가졌다는 거짓 혐의를 받았고 언론은 그를 가혹하게 몰아붙였다. 한

기자가 **"당신이 호모라는 말이 있던데요?"** 라고 큰 소리로 묻자 엘리오는 **"맞아요. 그래서요?"** 라고 응수했다. 질문한 기자와 옆에 있던 다른 기자들 모두 엘리오의 솔직하고 직설적인 답변에 놀라서 순간 할 말을 잃었다.

엘리오는 거짓 혐의를 벗었고 허위 사실에 의한 비난은 그의 정치 경력을 꺾지 못했다. 정치 경력 내내 엘리오는 많은 찬사를 받았고 사회당 대표, 몽스의 시장, 왈로니아[왈롱]의 총리[제1장관]를 거쳐 2011년에 벨기에 총리가 되었다. 엘리오는 당신이 누구를 사랑하든 상관없이 성공적인 삶과 성공적인 경력을 일굴 수 있다는 것을 모든 사람에게 보여 주었다.

Oscar Wilde

1854년 10월 16일, 아일랜드 더블린 출생 – 1900년 11월 30일, 프랑스 파리 사망

오늘날 오스카 와일드는 화려하고 대담하며 재치 있는 글로 유명한 극작가이자 작가이자 시인이자 평론가로 기억된다. 하지만 게이임이 세상에 드러난 뒤 그는 나머지 생애 내내 배척과 박해에 시달렸다.

아일랜드 더블린 출생인 오스카는 젊은 시절에 문학에 뜻을 품고 런던으로 갔고 1881년에 첫 시집을 냈다. 이후 미국, 캐나다, 영국에서 작품 활동과 강연 투어를 하며 작가로 명성을 날렸다.

1884년에 그는 콘스탄스 로이드Constance Lloyd와 결혼했고 슬하에 두 아이를 두었다. 하지만 1891년에 앨프리드 더글러스Alfred Douglas라는 젊은이와 연애를 하면서 스캔들이 났고, [동성애를 혐오하던] 더글러스의 아버지가 오스카가 게이라고 공개적으로 비난했다. 오스카는 명예 훼손으로 그를 고소했지만 패했고, 재판 과정에서 그의 사생활이 드러나는 바람에 "외설"죄로 기소되어 2년의 징역형에 처해졌다. 오스카는 완전히 파산했고 명성도 땅에 떨어졌다. 석방된 후 나머지 삶은 유럽을 떠돌아다니면서 추방자로 살았고 1900년에 파리에서 뇌수막염으로 사망했다.

오스카의 많은 작품이 고전 반열에 올라 있다. 《도리안 그레이의 초상The Picture of Dorian Gray》, 《이상적 남편An Ideal Husband》, 《진지함의 중요성The Importance of Being Ernest》 등은 전 세계 사람들에게 사랑을 받았고 그의 이름이 문학의 정전 목록에 확고히 자리 잡게 했다. 하지만 명백한 지적 역량과 비할 데 없는 문학적 재능에도 불구하고 단지 게이 남성이라는 이유로 사회의 주변부로 밀려나야 했다. 성적 지향 때문에 감옥에 갇히고 모멸적 대우에 시달리고 추방자로 살아야 했던 오스카의 이야기는, 모든 이가 동등하게 대우받고 사회의 일원으로 포용될 권리를 갖도록 하기 위해 우리가 계속 싸워야 하는 이유를 상기시켜 준다.

라이스 애쉴리 *Laith Ashley*

1989년 7월 6일 출생

모델이자 배우이자 음악가인 라이스 애쉴리는 다방면에 재능이 많은 인물이다.

하지만 모델로 성공해 뉴욕과 LA의 패션위크에서 런 웨이를 활보하고 전국 광고에 등장하기 전에 원래 직업은 LGBTQ+ 센터의 카운셀러였다. 본인이 트랜스젠더 남성이어서 갖게 된 직업이었다.

라이스는 열아홉 살 때 성 전환 과정을 거친 사람들에 대한 인터넷 동영상을 보고 자신이 트랜스젠더라는 사실을 깨달았다. LGBTQ+ 센터에서 카운셀러로 일하던 어느 날 캘빈 클라인의 속옷을 입고 찍은 사진을 인스타그램에 올렸고, 그 사진을 트랜스젠더 여배우인 레버른 콕스Laverne Cox가 자신의 인스타그램에 다시 게시했고 그 사진이 화제가 되면서 뉴욕의 고급 백화점 바니스에 발탁되어 모델의 길을 가게 되었다.

라이스에게 성공의 의미는 늘 명확하지 않았다. 그는 "패싱passing" 능력이 뛰어나다. 즉 그가 알리기 전까지는 사람들이 그를 보고 트랜스젠더인지 알아차리지 못한다. 가시적으로 트랜스젠더로 보이지 않아서 몇몇

역할을 퇴짜맞기도 했지만, 그와 동시에 트랜스젠더라는 것이 알려지고 나면 캐스팅 감독들이 트랜스젠더 남성을 시스젠더 역할로 캐스팅하는 것을 꺼려해 또 퇴짜를 맞았다.

흑인 트랜스젠더 남성으로서 어마어마한 차별에 맞닥뜨려야 했지만 그는 성공한 모델로서의 입지를 트랜스젠더 남성과 관련된 사안에서 그들의 권리를 옹호하는 데 사용할 수 있는 것을 기쁘게 생각한다. 트랜스젠더 남성은 종종 폭력의 피해자가 되지만 "취약하다"는 것이 "남자답지 못하다"고 여겨지는 문화에서 그것을 말하기가 쉽지 않다. 또한 트랜스 남성들 사이에서 HIV가 증가하고 있는데, HIV 예방 프로그램은 대체로 시스젠더 게이 남성과 트랜스젠더 여성에게만 초점을 맞추고 있다.

트랜스젠더들이 시스젠더들과 동일한 기회를 갖게 되기까지는 가야 할 길이 아직 멀다. 하지만 적어도 라이스는 마침내 자신의 몸에 대해 불편해하거나 불안해하지 않을 수 있게 되었다. **"거울을 보면 나는 내 모습에 만족합니다. 이것이 나입니다."**

하리시 아이어
Harish Iyer

1979년 4월 16일,
인도 바락포르 출생

하리시 아이어는 일곱 살 때부터 삼촌에게 지속적인 성폭력을 당했다. 성인이 된 하리시는 인도에서 남아에 대한 성폭력에 대해 공개적으로 이야기하고 문제 제기해 사회적 담론을 개척한 인물이 되었다.

오늘날 그는 세계에서 가장 잘 알려진, 그리고 가장 적극적으로 사회에 목소리를 내는 성폭력 생존자이며, LGBTQ+, 아동, 여성, 동물, 그리고 아동 성폭력 생존자의 권리를 지키고 증진하는 일에 헌신하고 있다.

2012년까지 인도에는 아동 성폭력을 처벌하는 법이 마련되어 있지 않았고, 법은 성폭력이란 여성을 대상으로만 저질러질 수 있는 것이라고 간주하고 있었다. 그래서 하리시가 마침내 침묵을 깨고 자신의 경험을 이야기했을 때 사람들은 그의 말이 사실이라는 것을 이해하지 못했다. 하지만 그는 이에 굴해 침묵하지 않기로 했다. 오늘날 하리시는 젊은 생존자들이 그들의 말을 아무도 믿어 주지 않는 혼란스러운 상태에 혼자 방치되지 않게 돕고자 자신의 경험을 널리 알리고 있다.

하리시는 어려서부터 자신이 게이임을 알았다. 하지만 다른 게이 남성을 한 명도 알지 못했기 때문에 남들과 다르고 이상하다고 지목되고 싶지 않았고, 게이가 아닌 남성처럼 살고자 억지로 노력했다. 아들이 게이임을 알게 되었을 때 하리시의 어머니는 아동기에 받은 성적 학대가 원인이라고 생각했다. 하지만, 오늘날 하리시가 아동 성폭력 생존자를 위해 목소리를 내는 것은 그들이 마땅히 받아야 할 지원을 받게 하는 데 일조하고 싶어서이기도 하지만 아동기에 겪은 성폭력과 동성애 성향이 관련 있다는 흔한 오해를 바로잡고 싶어서이기도 하다.

하리시는 자신의 경험을 여러 사회적 대의에 대해 인식을 제고하고 올바른 정보를 제공하기 위해 사용해 왔다. 그는 《가디언》이 선정한 가장 영향력 있는 게이 남성 목록에 이름을 올렸고 그의 삶과 활동은 두 편의 영화와 **《선 라이즈**Son Rise**》**라는 책으로도 만들어졌다. 《선 라이즈》는 하리시가 섹슈얼리티와 관련해 직면해야 했던 고투, 그리고 그가 그것을 점차 자신의 삶에 받아들여 온 과정을 담고 있다.

칼리드 압델-하디 Khalid Abdel-Hadi

1980년대, 요르단 암만 출생

열일곱 살 때 칼리드 압델-하디는 아랍 세계의 LGBTQ+ 사람들을 위해 새로운 대화의 장이 필요하다는 결론에 도달했고 직접 그 장을 만들기로 결심했다.

칼리드와 친구들은 그들이, 또 그 밖의 많은 이들이 스스로를 솔직하게 표현할 수 있는 공간으로 삼을 수 있는 새로운 매체가 있어야 한다는 생각에서 요르단 최초의 LGBTQ+ 잡지 《마이.칼리My.Kali》를 창간했다. 미국이나 영국보다 훨씬 이른 1951년부터 요르단에서는 게이로 살아가는 것이 합법이긴 했다. 하지만 수도 암만 정도에서라면 모를까 퀴어와 트랜스젠더들은 여전히 심한 낙인에 시달리고 있다.

첫 호는 친구들 사이에서만 유통시킬 생각이었기 때문에, 칼리드는 자신의 사진을 첫 호 커버 사진으로 실었다. 그런데 주류 언론이 《마이.칼리》에 대해 알게 되었고 칼리드를 게이라고 언급하는 바람에 "아웃팅"이 되어 버렸다[온갖 매체에 기사가 실리고 맹렬하게 화제에 오르면서 칼리드는 이러다 살해되는 것 아닌가 싶을 정도로 공포에 시달렸다고 한 인터뷰에서 밝혔다]. 몇몇 매체는 사진에서 그의 얼굴을 흐릿하게 처리했고, 몇몇 매체는 [윗몸을 드러낸] 《마이.칼리》 표지 사진을 게이 포르노그라피라고 묘사했다.

이러한 역풍에도 《마이.칼리》는 아랍의 LGBTQ+ 사이에서 점점 인기가 높아졌다. 많은 이들이 드디어 자신의 목소리를 낼 수 있는 장, 그리고 자신이 공명할 수 있는 이야기들이 실리는 장이 열린 것에 마음을 의지할 수 있었다.

처음에는 잡지에 기고한 사람들이 반LGBTQ 폭력에 노출되지 않게 보호하기 위해 영어로만 출간되었지만, 2016년에 처음으로 아랍어와 영어를 모두 사용한 《마이.칼리》가 출간되었다. 칼리드에게 이것은 매우 중요한 진전이었다. 요르단의 많은 젊은이들이 외국 방송 프로그램인 "윌 앤 그레이스Wil & Grace", "글리Glee" 등을 통해 서구의 LGBTQ 인물상에만 익숙해 있었기 때문이다. 칼리드는 《마이.칼리》를 통해 서구 문화의 영향에서 벗어나 아랍의 롤 모델을 만들어 가는 데 기여할 수 있기를 바라고 있다.

워쇼스키 Wachowski 자매

레이나Lana 1961년 6월 21일,
미국 시카고 출생

릴리Lilly 1967년 12월 29일,
미국 시카고 출생

레이나 워쇼스키와 릴리 워쇼스키는 끝도 없이 영화를 보며 시간 보내기를 무엇보다 좋아하는 돈독한 가정에서 또 다른 두 자매와 함께 자랐다.

타고난 영화 사랑은 커 가면서 더욱 강해졌다. 레이나와 릴리는 1999년에 획기적인 과학 영화 〈매트릭스The Matrix〉로 일약 스타가 되었으며 이후로도 평단의 주목을 받은 여러 영화와 텔레비전 프로그램을 만들었다.

워쇼스키 자매는 언론에 잘 나서려 하지 않는 것으로 유명하지만 그들의 사생활은 수많은 타블로이드 매체에서 가십거리가 되었다. 둘 다 성 전환 과정을 거쳤기 때문이다. 2000년대 초에 레이나는 부모에게 트랜스젠더임을 알렸고 가족의 지지와 사랑이 변함없으리라는 것을 확신한 뒤 공개적으로도 트랜스젠더 여성으로 살기 시작했다. 몇 년 뒤에 릴리

도 트랜스젠더임을 밝혔다. 하지만 릴리의 경우에는 스스로 대중에게 알릴 준비가 되기 전에 노출되었다. 그는 이 사실을 보도하겠다는 타블로이드 매체들의 협박 아닌 협박에 지속적으로 시달리다가 결국 공개를 결심하게 되었다.

워쇼스키 자매는 당사자가 스스로 준비되기 전에 강제로 "아우팅" 되는 것의 위험성을 대중에게 알리기 위해 노력해 왔으며, 가족이 그들을 받아들여 주고 지지해 주었던 것과 성 전환 과정에서 치료사를 포함해 여러 면에서 전문 서비스에 접할 수 있었던 것이 얼마나 중요했는지에 대해서도 지속적으로 이야기해 왔다.

커밍아웃을 함으로써, 워쇼스키 자매는 단지 뛰어난 예술인으로서만이 아니라 트랜스 여성으로서도 계속해서 문을 깨고 나가고 있으며, 이를 통해 수많은 트랜스젠더에게 용기를 주고 있다.

엘런 드제너러스
Ellen DeGeneres
1958년 1월 26일,
미국 루이지애나 출생

포셔 데 로시
Portia de Rossi
1973년 1월 31일,
호주 호르샴 출생

&

엘런 드제너러스와 포셔 데 로시는 할리우드 역사상 가장 상징적인 커플 중 하나라고 해도 과언이 아닐 것이다. 엘런과 포셔 커플의 이야기는 많은 LGBTQ+ 사람들이 자기 자신이 될 수 있도록, 숨지 않고 자긍심을 가지고 살아가도록, 그리고 자신의 러브 스토리를 찾아가도록 용기와 희망을 주었다.

1997년에 드제너러스는 자신이 진행하는 텔레비전 쇼 〈엘런〉에서 커밍아웃 했다. 드제너러스 본인과 텔레비전 쇼 〈엘런〉 모두 그의 커밍아웃 결정으로 많은 비난에 직면했다. 몇몇 채널은 해당 회차 방영을 거부했고 쇼의 후원사 중에서 후원을 철회하는 곳도 생겼다.

두 사람이 처음 만났을 때 포셔는 집요하게 사생활을 캐내려는 언론에 루머가 계속 돌기는 했어도 공식적으로 커밍아웃한 상태는 아니었다. 포셔는 세상이 자신의 진정한 자아를 받아들여 주지 않을까 봐, 또 커밍아웃을 하면 경력이 끝장날까 봐 가족에게도 말하지 못하고 성적 지향을 계속 숨겼다.

[그러다 2005년에 두 사람은 공개적으로 연인 사이임을 밝혔고] 2008년에 캘리포니아 주 대법원이 동성 간 결혼을 금지한 주 법이 위법하다고 판결하고 나서 LA의 자택에서 조촐하게 결혼식을 올렸다. 이후로도 그들은 성공적인 경력을 이어 갔고 그들의 가시적인 위치는 미국에서 게이·레즈비언의 권리에 대해 대중의 태도를 바꾸는 데 일조했다. 두 사람의 매우 공개적인 러브 스토리는 LGBTQ+의 권리에 대한 사회적 담론을 진전시키는 데 도움을 주었고 2016년에 드제너러스는 게이·레즈비언 권리 운동에 기여한 공로로 **대통령 자유 훈장**을 받았다.

레오나르도 다 빈치
Leonardo da Vinci

레오나르도 다 빈치는 묘사할 수 있는 말이 많다. 화가, 조각가, 디자이너, 건축가, 엔지니어, 과학자….

이탈리아 르네상스 시기 인물인 다 빈치는 이미 그때도 그의 이름을 못 들어 본 사람이 없었을 만큼 유명했으며 오늘날에도 역사를 통틀어 세계에서 가장 위대한 예술가 중 한 명으로 꼽힌다. 하지만 그에 대해 잘 알려져 있지 않은 것이 한 가지 있으니, 바로 그의 섹슈얼리티다. 학계에서도 아직 논란이 있다.

다 빈치는 토스카나 근처의 언덕배기 마을 빈치에서 태어났다. 십대 초에 유명한 조각가 안드레아 델 베로키오Andrea del Verrocchio 문하에 도제로 들어갔고, 회화와 조각을 포함해 여러 미술 장르를 배울 수 있었다. 이후 독립 장인이 되어 피렌체에서 활동하다가 밀라노로 갔고 그곳에서 유력 가문인 스포르차 가문의 후원을 받아 활동했다. "최후의 만찬The Last Supper"을 그린 곳도 여기다. 젊은 시절에 다 빈치는 세 명의 남성과 함께 자코포 살타렐리Jacopo Saltarelli라는 사람

과 동성애 행위를 했다는 혐의로 익명의 고발을 받았다. 당시에는 사형까지도 받을 수 있는 범죄였다. 다행히도 함께 혐의를 받은 사람 중 한 명이 매우 강력하던 메디치 가문과 연줄이 있었던 덕분에 이들은 경고만 받고 무사히 벗어날 수 있었다. 물론 학자들은 이 사건이 꼭 다 빈치가 게이였다는 의미는 아니라고 지적한다. 누군가의 평판을 훼손하고 공격하기 위해 익명의 고발을 사용하는 것은 당시에 흔히 있는 일이었을 것이다. 한편 또 다른 학자들은 다 빈치가 평생 결혼하지 않았다는 사실과 그가 노트에 그린 젊은 남성들의 스케치 등이 그가 게이였을 가능성을 시사하는 것일 수 있다고 본다.

다 빈치는 피렌체와 밀라노를 왔다 갔다 하며 오늘날에도 많은 사랑을 받는 유명 작품들을 내놓았다. 1503년에 그린 **모나리자 Monalisa**는 지금도 루브르에 전시되어 있다. 1513년에는 그를 존경하던 프랑스 왕이 궁정 "제1 화가 겸 엔지니어"라는 종신 지위를 제안했다. 다 빈치는 이 제안을 받아들였고 아름다운 성 "마누아 뒤 클루"[Manoir du Cloux. 오늘날의 클로 뤼세Clos Lucé 성]에서 여생을 보냈다.

지워진 자리를 찾아 색을 칠하면 숨겨진 전설이 드러난다

한채윤(비온뒤무지개재단 상임이사, 성 교육자, 인권활동가)

혹시 '무민'을 아세요? 언뜻 보면 하얀 하마 같아 보이는 귀여운 동물이죠. 최근 우리나라에서도 인기가 높아져서 무민이 그려진 옷이나 컵, 시계 등을 비롯 에니메이션까지 일상에서 흔히 볼 수 있게 되었어요. 무민은 핀란드의 소설가이자 화가인 토베 얀손이 만들어 낸 가상의 동물로 1950년대부터 세계적으로 사랑을 받은 캐릭터입니다. 이런 유명세에 비해 무민을 창조한 토메 얀손이 레즈비언이란 사실은 잘 알려지지 않았어요. 몇 년 전, 무민 시리즈를 번역 출간한 한국의 출판사에서도 작가 소개란에 '작고 외딴 섬에 홀로 살아가다 86세로 세상을 떠났다'라고 썼어요. 토베 얀손이 툴리키 피에틸라라는 여성과 평생을 함께 행복하게 살았는데도 그렇게 쓴 건 좀 안타까워요. 사실 토베 얀손이 동성애자이든 이성애자이든 무민이 너무 사랑스럽고 귀엽고 또 사람들의 마음을 따뜻하게 위로하는 철학적 메시지를 담은 이야기란 건 변함이 없을 거예요.

만약 동성애자가 만든 작품을 모두 버려야 한다면 인류는 아주 곤란해질 겁니다. 안데르센의 동화 작품도, 차이콥스키의 아름다운 음악도, 레오나르도 다 빈치의 멋진 그림도, 앙드레 지드의 소설 작품도 모두 치워 버려야 할 테니까요. 아이폰이나 아이패드를 만드는 애플의 CEO인 팀 쿡도 게이이니 핸드폰이나 노트북도 모두 버려야겠지요.

인류 역사의 발전은 특정한 사람들의 힘만으로 가능하지 않죠. 인류 전체가 다 함께 이루어 낸 성취입니다. 하지만 처음 태어나 자기 몫의 삶을 살아갈 땐 어떻게 살아야 하는지, 힘들 때 어떻게 이겨내야 하고, 삶의 목표와 의미를 어디서 찾아야 하는지 등을 알기 어려워 고민에 빠지기도 하죠. 그래서 자신이 참고할 만한 롤 모델, 꿈과 용기를 주는 영웅을 갖길 사람들은 원합니다. 이 책은 바로 그래서, 지금 우리에게 딱 필요한 책입니다. 세상의 편견이 지워 버리고 감추어 버린 것들을 찾아 우리에게 보여 줍니다. 그동안 몰랐던 새로운 영웅을 알게 되는 기쁨, 마침 나에게 필요했던 영웅을 만나는 기쁨을 누리게 해 줍니다.

책의 제목에 있는 '퀴어'라는 단어가 좀 낯설 수 있을 거예요. 저는 참 좋아하는 단어입니다. 왜냐면 단어 자체가 가진 역사가 멋지거든요. 이 단어는 원래 영어에서는 다른 사람을 비하할 때 쓰는 욕설

같은 단어였어요. '이상한 놈' 이란 의미여서 미국에서는 동성애자나 트랜스젠더를 '퀴어'라고 부르며 괴롭히고 얕잡아 봤죠. 그러니 이런 말을 듣는 사람은 상처받고 힘들었을 거예요. 그러다 1990년대에 들어 미국의 성소수자들이 '퀴어'란 단어에 다른 힘을 부여합니다. "내가 당신과 다를 수 있는데, 그게 나쁜 건가요? 무조건 다 똑같아야 하나요? 다양한 것은 아름다운 일이 아닌가요?" 이렇게 되물으며 오히려 퀴어란 욕설을 스스로를 긍정하는 단어로 바꾸어 쓰기 시작했어요. '사회가 정한 대로, 남들과 똑같이 사는 것이 아니라 가장 자기답게, 솔직하게 사는 사람들'이란 의미로 말이죠. 그래서 퀴어는 동성애자, 양성애자, 무성애자라든지 트랜스젠더와 같이 남성/여성 이분법으로 나뉘어진 세상에서 사회가 태어날 때 지정해 놓은 단 두 개의 성별 틀에 갇혀 지내지 않는 모든 이들을 포함하는 단어가 됩니다. 그래서 '퀴어 히어로즈'란, 인류 발전에 공헌을 한 영웅들 중에서 퀴어로서도 용감하게 살았던 이들을 지칭합니다.

이 책은 대담한 매력과 독창적인 아름다움을 가지고 있습니다. 52명의 영웅들을 밝고 화려한 색감의 그림으로 그려 강렬한 인상을 던지면서, 인물에 대한 설명은 핵심만 잘 간추려서 짧은 글로 전달합니다. 대단히 현명한 기획이죠. 아마 여러분들은 책을 읽다가 "아! 이 사람이 동성애자였다고?" 하고 놀라거나 "이런 대단한 업적을 남긴 트랜스젠더도 있었구나" 하고 새롭게 알게 될 거예요.

인물에 대해 소개하면서 그림으로 강렬한 이미지를 던지고 인물에 대한 설명이 압축적으로 잘 정리되어 짧게 들어간 것은 현명한 기획입니다. 영웅들의 직업은 다양합니다. 인권활동가, 시인, 배우, 화가, 과학자, 정치인, 무용수, 가수, 운동선수, 영화감독, 출판인 등 정말 우리 주변에 함께 살고 있었구나 하는 걸 깨달을 거예요. 심지어 왕족으로서 보장된 앞날까지 기꺼이 내려놓고 솔직하게 자기 자신답게 살기를 선택한 게이 왕자도 등장하죠.

또 저자는 엠마 곤잘레스, 재즈 재닝스처럼 아직 십 대인 영웅들도 소개합니다. 영웅이 되는 데 나이가 적거나 많은 건 한계가 되지 않음을 보여 줍니다. 혹 여기에 한국인은 왜 없나 라는 생각이 든다면, 한국인 중에는 퀴어 영웅이 없어서 넣지 못했다고 생각하는 대신 앞으로 내가 또 새로운 책을 만들어서 포함시켜야겠다고 결심하시거나, 내가 나중에 여기에 들어갈 영웅이 되어야지 하고 생각해 주세요. 사실 이 책에 마땅히 들어가야 할 퀴어 영웅들은 훨씬 더 많이 있어요. 이제 겨우 52명만 간추린 것일 뿐이니 앞으로 더 많은 영웅들을, 또 다른 책으로 만날 수 있게 되기를 기대합니다.

이 책의 저자도 바로 그런 마음으로 책을 기획하게 되었다고 합니다. "당신이 어렸을 때 필요로 했던 사람이 되라"는 말과 함께 자신이 어렸을 때 필요로 했던 사람이 누구였는지를 떠올린 거죠. 어렸을 때, 세상에 나 혼자인 것 같을 때, 동성애자나 트랜스젠더로서 어른이 된다는 것, 나이가 든다는 것을 상상할 수도 없을 때 필요했던 사람은 누구일까요. 롤 모델이란 단지 돈을 많이 벌고, 유명해지고, 사회적으로 성공했다는 평가를 받는 사람일 수는 없습니다. 왜냐면 그것만으론 행복해질 수 없으니까요. 모든 인간은 단 한 번의, 자기만의 삶을 살 수 있고 중요한 건 내가 원하는 삶을 살 때 행복을 누릴 수 있죠. 여기에 언급된 퀴어 히어로즈들은 사회적으로 성공했기 때문이 아니라, 스스로를 부끄러워하지 않고 자기 자신인 채로 용감하게 살아냈다는 것에 업적이 있습니다. 고대부터 지금까지 수없이 많은 영웅들이 있고, 영웅들의 능력이나 겪은 일들은 가지각색이지만 영웅들 전체를 아우르는 단 하나의 공통점을 찾으라고 한다면 그건 바로 '용기'가 아닐까요. 용기란 자기 자신을 아끼고 사랑하는 마음에서 나올 때 가장 아름답습니다.

또, 이 책은 스톤월 항쟁 50주년인 2019년에 맞춰 출간되었습니다. 스톤월 항쟁이란 1969년 6월에 미국 뉴욕에서 성소수자들이 오랜 시간 지속되었던 경찰의 폭력과 차별을 더 이상 참지 않고 적극적으로 저항했던 역사적 사건입니다. 2019년엔 뉴욕시의 경찰청장도 50년 전의 경찰 행동이 잘못이었다고 공식적으로 직접 사과하기도 했죠.

미국이나 백인, 그리고 성인 중심을 피하기 위해 세심하게 신경 썼습니다. 연령에서도 청소년부터 포함하고 있는 점, 출신 국가나 민족이 서구 중심적이지 않고, 성별과 직업 등에서 다양성을 고려했다는 점 등도 뛰어납니다. 퀴어는 언제 어디에나 존재해 왔고, 지금도 함께 살아가고 있음을 보여 주고 있죠. 사실 한 번에 50명이 넘는 위인들의 삶을 살펴보는 건 쉬운 일이 아닙니다. 그림책이라는 형식을 통해서 효과적으로 전달합니다. 책을 다 읽고 난 뒤에 더 알고 싶다면 이 인물들의 이름을 검색창에 넣어 볼 수 있게 해 주니까요. 이를 통해 편견을 벗고, 삶에 대한 존중과 통찰력을 얻게 됩니다. 특히 이 책의 용어 설명은 훌륭합니다. 책에 나온 단어들을 낯설어할 독자들을 위해 사려 깊게 하나하나 친절하게 설명해 줍니다. 단 하나 아쉬운 점이 있다면, 인터섹스(남성과 여성으로 나뉘어진 전형적인 이분법이 아닌 몸을 가지고 태어난 사람, 예를 들어 염색체는 xy지만 난소와 자궁을 가지고 태어난 사람)나 무성애자 히어로가 포함되어 있지 않은 거예요. 그러나 이 책이 있기에 아직 소개되지 않은 더 많은 퀴어 영웅들이 있다는 말을 할 수 있는 것이니 이제부터 한걸음씩 나아갈 수 있죠.

　아, 마지막으로 이 말을 하고 싶네요. 토베 얀손의 책이 한국에서 출판되었을 때 핀란드에서 직접 운영하는 무민의 공식 트위터 계정은 이런 글을 올렸다고 합니다.

　"무민은 사랑, 용기, 관용을 지지합니다."

　사랑과 용기, 관용을 지지하는 세상을 위하여 아름답고 대담한 매력을 지닌 이 책이 더 많은 사람들에게 읽히길 바랍니다. 누군가는 지워 버리려고 했고, 그래서 그동안 쉽게 볼 수 없었던 숨겨진 세상을 발견할 수 있게 해 주니까요. 더 넓어진 시야를 갖는 건 멋진 일일 거예요.

용어 설명

HIV 인체면역결핍바이러스. 면역계의 세포를 손상시켜 질병과 감염에 대응할 수 있는 역량을 약화시키는 바이러스.

게이gay 자신과 동일한 성별의 사람에게 끌리는 사람.

동성애homosexual 자신과 동일한 성 혹은 동일한 성별에 속한 사람에게 끌리는 것. 이 용어가 동성애적 성적 지향을 정신 질환으로 규정하는 데 사용되었던 역사 때문에 많은 게이와 레즈비언들이 이 용어의 사용을 선호하지 않는다.

드랙 예술가drag artist 종종 엔터테인먼트적인 목적에서, 젠더 고정관념을 과장해서 표현한 대담하고 눈에 띄는 복장을 하는 사람. 남성, 여성 모두 존재한다.

레즈비언lesbian 여성에게 끌리는 여성.

무無성agender 특정한 성별 정체성을 가지고 있지 않은 사람.

미소지니misogyny 여성에 대한 편견과 혐오.

바이섹슈얼bisexual 자신이 속한 성별과 상대 성별 모두에 성적 끌림을 느끼는 사람. 양성애자.

부치butch 전통적으로 남성적이라고 여겨지는 쪽에 신체적, 감정적으로 동일시하는 것.

성별 정체성gender identity 스스로를 남성으로, 혹은 여성으로, 혹은 둘 다로, 혹은 어느 쪽도 아닌 것으로 인식하는, 성별에 대한 자신의 판단.

시스젠더cisgender 자신의 성별 정체성이 출생 당시에 신체적 특성을 토대로 지정되었던 젠더와 일치하는 사람.

아파르트헤이트apartheid 1990년대 초까지 남아프리카공화국 등에서 존재했던 공식적인 인종 분리 및 차별 체제.

안드로지니, 양성성androgyny 남성, 여성의 이분법적 구분을 벗어난 방식으로 성별 정체성을 표명하는 것.

유니섹스unisex 남성, 여성이 같은 방식으로 옷을 입는 것.

인종 분리racial segregation 사람들을 인종으로 분리하고 그에 따라 공공 장소에서 좌석을 분리하거나 학교를 인종별로 지정하는 등 명시적으로 차별적인 처우를 하는 것.

인터섹스intersex 염색체, 성 호르몬, 혹은 성기가 전형적인 "남성"이나 "여성"의 범주에 맞지 않게 태어난 사람. 간성.

젠더 이분법gender binary 성별을 남녀, 단 두 범주로만 보는 것.

퀴어queer 자신의 성별 정체성을 스트레이트나 시스젠더로 규정하지 않는 사람들에 대한 통칭. 역사적으로 LGBTQ+ 사람들에 대한 비하의 의미로 사용되기도 했기 때문에 LGBTQ+ 사람들 중 이 단어를 선호하지 않는 사람도 있다.

클로짓 게이closet gay 동성애자임을 숨기고 이성애자인 척 살아가는 게이.

트랜스베스타잇transvestite 전통적 개념으로 볼 때 자신과 반대되는 성별에 맞는 옷차림을 하는 사람. 크로스드레서crossdresser라고도 한다.

트랜스젠더transgender 성별 정체성이 태어날 때 지정된 성별과 다른 사람.

페미니즘feminism 남성이든 여성이든 무성이든, 성별 구분에 상관없이 모두가 동등한 권리를 가져야 한다는 믿음.

프라이드 퍼레이드Pride Parade LGBTQ+의 문화와 정체성에 대한 자긍심을 기리는 행사.

호모포비아homophobia 동성애자에 대한 편견과 혐오.

유용한 자료

LGBTQ+ 공동체에 대해 더 알고 싶거나 전세계의 더 많은 퀴어 히어로들을 찾아보고 싶거나 도움과 지침이 필요할 경우, 도움이 될 수 있을 만한 책, 단체, 웹사이트를 아래에 소개했다.

《오예! 너 게이구나? 자, 그럼 이제는?Yay! You're Gay! Now What?》

프랜시스 링컨 어린이책 출판사Frances Lincoln Children's Books. 실용적인 조언이 가득 담긴 이 책에서 리야드 칼라프Riyadh Khalaf는 커밍아웃과 연애에 대한 유용하고도 솔직한 조언과 힘들 때 도움이 될 지원을 제공한다.

ILGAilga.org

"국제 레즈비언, 게이, 바이섹슈얼, 트랜스, 인터섹스 협회The International Lesbian, Gay, Bisexual, Trans and Intersex Association"의 약어로, LGBTI+인들이 평등한 권리를 누릴 수 있도록 지역 단위, 또는 국가 단위에서 활동하는 단체들의 전 세계 연맹체다.

칼레이도스코프 국제 트러스트Kaleidoscope International Trust

| kaleidoscopetrust.com

성적 지향이나 성별 정체성을 이유로 동등한 권리를 누리지 못하거나 차별받는 나라에 살고 있는 레즈비언, 게이, 바이섹슈얼, 트랜스젠더 사람들을 지원한다.

영국 앰네스티 레인보우 네트워크Amnesty UK Rainbow Network

| www.amnesty.org.uk/join-lgbti-activist-network

"앰네스티 인터내셔널"의 영국 LGBTI 인권 운동 네트워크다.

아웃라이트 액션 인터내셔널OutRight Action International

| outrightinternational.org

전 세계에서 LGBTIQ 사람들의 인권을 보호하고 증진하기 위해 국제적, 국가적, 지역적 수준에서 연구, 인식 제고, 권리 옹호 활동을 펼친다.

휴먼 라이츠 캠페인Human Rights Campaign

| www.hrc.org

미국 최대의 LGBTQ+ 인권 단체로, LGBTQ+ 사람들이 가정에서, 일터에서, 또한 그 밖의 모든 공동체에서 평등하고 차별 없이 온전한 일원으로 받아들여지는 세상을 만들기 위해 노력한다.

트랜스 미디어 워치Trans Media Watch

| http://www.transmediawatch.org/

언론이 트랜스, 인터섹스 관련 사안들을 더 잘 이해해서 정확하고 분명하고 신뢰할 만한 보도를 할 수 있도록 지원한다.

스톤월Stonewall

| https://www.stonewall.org.uk/

"더 나은 삶을 위한 진짜 변화"를 일구기 위해 노력하는 스톤월은 LGBTQ+ 사람들이 자신이 혼자가 아님을 알 수 있게 하고 그들이 평등한 조건에서 살아가는 데 꼭 필요한 법과 권리들을 지키고 유지하고 만들어 가기 위해 다양한 활동을 펼친다.

인터액트InterACT

| interactadvocates.org

인터섹스 아동, 청소년에 대한 사회적 인식을 제고하기 위해 법적, 정책적 노력을 펼친다. 특히 법적 수단을 활용해 인터섹스 아동·청소년의 인권을 지키기 위한 활동을 펴고 있다.

프랙티컬 안드로지니Practicalandrogyny.com

이분법적 성별 카테고리를 받아들이지 않는 넌-바이너리non-binary 사람들을 위한 자료를 제공한다. 이분법적 성별 구분을 벗어난 외모로 살아가는 것, 또한 그러한 외모를 획득하는 것과 관련해 실용적인 정보들을 볼 수 있다.

뉴트로시스neutrois.com

무성, 중성 등 남성도 여성도 아닌 성별 정체성을 가지고 있는 사람들을 위한 자료를 제공한다.

국내 단체들 (한채윤 소개) _____

청소년성소수자위기지원센터 '띵동'

| http://www.ddingdong.kr

위기 상황에 놓인 청소년 성소수자를 상담하고 지원하는 기관.

트랜스젠더인권운동단체 〈조각보〉

| http://transgender.or.kr

이메일로 트랜스젠더 관련 의료, 폭력 상황에 대한 대처, 법적·의료적 접근 등에 관해 논의하고 문의할 수 있음.

성소수자부모모임

| http://www.pflagkorea.org

동성애자와 트랜스젠더 등 성소수자 자녀를 둔 부모님들의 모임.

성소수자자살예방프로젝트 '마음연결'

| https://chingusai.net/xe/main_connect

성소수자 자살 예방을 위해 자살 예방 상담가 양성부터 여러 캠페인, 온라인 상담실 등을 운영 중.

큐플래닛

| http://www.youtube.com/channel/UCRU4HI2dS_SplHaRc9cVKiQ

퀴어에 관한 올바른 정보를 전달하는 방송국 역할을 하는 유튜브 채널.

퀴어락

| http://queerarchive.org

한국 성소수자의 모든 역사를 정리하고 기록물들을 수집, 관리하는 곳.

무지개 책갈피

| http://www.rainbowbookmark.com

국내에 출간된 퀴어 문학을 소개해 주는 사이트.

찾아보기

퀴어 히어로즈

과거와 현재의 LGBTQ 영웅 52명을 만나다

글 아라벨 시카디
그림 새러 타낫-존스
옮긴이 김승진
펴낸이 이명회
펴낸곳 도서출판 이후
편 집 김은주
디자인 문성미

첫 번째 찍은 날 2021년 11월 11일

ⓒ Arabelle Sicardi, Sarah Tanat-Jones
ⓒ 김승진, 2021

등 록 | 1998. 2. 18(제13-828호)
주 소 | 경기 고양시 일산동구 호수로 358-25 (백석동, 동문타워 II) 1004호
전 화 | **대표** 031-908-5588 **편집** 031-908-3030 **전송** 02-6020-9500
블로그 | http://blog.naver.com/ewhobook

ISBN | 978-89-6157-102-9 03300